UNIVERSITÉ DE FRANCE.

ACADÉMIE DE STRASBOURG.

THÈSE

POUR LA LICENCE,

SOUTENUE PUBLIQUEMENT

A LA FACULTÉ DE DROIT DE STRASBOURG,

Le jeudi 26 août 1841, à quatre heures de relevée,

PAR

J. BASSET *dit* **CHEVALLIER,**

DE LUNÉVILLE (MEURTHE),

BACHELIER ÈS LETTRES ET EN DROIT.

STRASBOURG,

De l'imprimerie de V.[e] Berger-Levrault, imprimeur de l'Académie.

1841.

A MON PÈRE.

Respect, amour filial.

J. Basset *dit* Chevallier.

FACULTÉ DE DROIT DE STRASBOURG.

M. Rauter, Doyen.

M. Schützenberger, Président,

Examinateurs MM. Rau, Blœchel, Professeurs. Eschbach, Professeur suppléant.

La Faculté n'entend approuver ni désapprouver les opinions particulières au candidat.

DROIT CIVIL.

De l'absence en général, et de son influence relativement au mariage, à la surveillance des enfants, et aux droits qui s'ouvrent au profit de l'absent.

PREMIÈRE PARTIE.

DE L'ABSENCE EN GÉNÉRAL.

NOTIONS PRÉLIMINAIRES.

A toutes les époques de la vie, la loi veille sur l'homme pour le protéger, lorsque, par une circonstance quelconque, il se trouve dans l'impossibilité de défendre sa personne et d'administrer ses biens. Elle porte même sa sollicitude sur l'homme avant sa naissance, et par une fiction ingénieuse, elle le regarde comme vivant toutes les fois que son intérêt l'exige : *infans conceptus, pro nato habetur, quoties de commodis ipsius agitur*[1]. A cet effet, elle lui donne un curateur chargé de veiller à ce qu'il ne lui soit causé aucun préjudice. Enfant, elle lui donne un protecteur; insensé, elle lui fournit un guide; absent, elle lui nomme un surveillant chargé de conserver son patrimoine délaissé.

1 *L. 7, D. de stat. hom.*

Cependant la loi a dû se montrer prudente dans les mesures qui lui paraissaient devoir être prises relativement aux intérêts de l'absent. Elle a dû s'abstenir d'une protection intempestive qui, sous prétexte de veiller à la conservation de son patrimoine, s'immiscerait dans des affaires que peut-être il a voulu tenir secrètes, et nuirait à sa fortune au lieu de la servir. C'est pour éviter cet inconvénient qu'elle se borne dans les premières années de l'absence à des actes purement conservatoires. A mesure qu'elle se prolonge, tout en protégeant toujours les intérêts de l'absent, elle n'abandonne pas non plus ceux des personnes présentes; elle les concilie entre eux, en excluant tout arbitraire dans le choix des moyens qu'elle a créés pour la conservation des droits de tous.

Ce n'est pas dans la législation romaine que nous chercherons les principes qui pourront nous guider dans cette matière. Constamment attachés à leur patrie, qui leur procurait tous les avantages qu'ils n'auraient pu trouver ailleurs, les Romains s'absentaient rarement, si ce n'est lorsqu'ils étaient en guerre, et alors la législation était bien simple. S'ils mouraient en combattant, leurs biens passaient à leurs parents; s'ils étaient faits prisonniers, de deux choses l'une : ou ils mouraient en captivité, ou ils rentraient dans leur patrie. Dans le premier cas, leur succession était ouverte dès l'instant de la captivité; dans le second, ils rentraient dans leurs biens en vertu de la fiction *jus postliminii*, d'après laquelle ils étaient censés n'avoir jamais quitté leur patrie et reprenaient la propriété de leurs biens. Quant aux autres causes d'absence, elles étaient rares et de peu de durée.

Tels sont, à notre avis, les motifs pour lesquels le législateur romain n'a pas cru nécessaire d'introduire des règles pour la conservation des droits de ceux qui avaient porté leurs espérances et leur industrie hors du sein de leur patrie et de leur famille.

De même que la législation romaine, l'ancienne jurisprudence française est tout à fait muette sur cette matière, qui était abandonnée au pouvoir discrétionnaire des tribunaux, dont les décisions ne pouvaient offrir que quelques règles incomplètes, souvent même contradictoires.

Il était réservé au législateur moderne de donner sur l'absence un système qui conciliât à la fois les intérêts de l'absent, ceux de ses héritiers, de ses créanciers, de l'époux délaissé, de ses enfants mineurs qui, par l'effet même de l'absence, se trouvent sans appui, sans époux et sans guide.

Pour parvenir à son but, le législateur a divisé l'absence en deux périodes bien distinctes : la première, la présomption d'absence, commence à partir du jour de la disparition de l'absent ou de ses dernières nouvelles, et dure jusqu'au jugement définitif de déclaration d'absence, et à l'envoi en possession provisoire des biens de l'absent. Elle embrasse un espace de cinq ou de dix ans, selon que l'absent a laissé ou non un mandataire. La seconde, la déclaration d'absence, commence à dater de ce jugement, et se subdivise elle-même en deux parties : la première, qu'on appelle envoi en possession provisoire, dure trente ans depuis le jugement de déclaration d'absence, ou cent ans depuis la naissance de l'absent. La deuxième partie, que l'on nomme envoi en possession définitif, commence à l'expiration des trente années depuis l'envoi en possession provisoire, ou de cent années depuis la naissance de l'absent, et dure indéfiniment, si l'absent ne reparaît pas ou ne donne pas de ses nouvelles; ou si, dans les trente ans qui suivent cet envoi, il ne se présente pas d'enfants pour réclamer la succession de leur père, ou des héritiers plus proches que les envoyés en possession définitive au jour du décès de l'absent, si toutefois ce décès ne remonte pas à trente ans.

PREMIÈRE PÉRIODE.

Présomption d'absence.

Selon l'expression vulgaire de ce mot, un homme est absent, lorsqu'il ne se trouve pas réellement dans un lieu déterminé. Dans un sens plus restreint, l'absent est celui qui a disparu de son domicile et dont on n'a pas de nouvelles. C'est dans cette dernière acception que nous emploierons désormais le mot absent dans la suite de notre dissertation. Quant aux absents de la première espèce, nous les désignerons sous le nom de non présents.

Lorsqu'une personne a disparu de son domicile, on présume facilement que son absence ne sera que momentanée. Le plus souvent même les motifs en sont connus. Tantôt c'est un voyage qu'elle est obligée de faire pour son commerce, ou qu'elle a entrepris pour son agrément; tantôt c'est un compte qu'elle a à régler avec un créancier, ou bien c'est la mort d'un parent dont elle est héritière, qui l'appelle dans un département éloigné du sien; enfin mille occasions peuvent forcer quelqu'un à s'absenter de son domicile. Si les causes de sa disparition sont inconnues, on présume que l'absent avait des motifs suffisants pour les cacher. S'il ne donne pas de ses nouvelles, c'est qu'il peut revenir d'un moment à l'autre, et que son retard est sans doute causé par quelque événement qu'il n'a pu prévoir, de sorte que pendant les premières années on est sans inquiétudes sérieuses sur son compte.

Si cet état se prolonge, alors la présomption de mort l'emporte sur celle de vie, car l'on ne peut raisonnablement supposer qu'une personne laisse de plein gré ses affaires dans un état de souffrance et d'abandon. Il est donc nécessaire que la loi vienne à son secours, et que, par des mesures conservatoires, elle protége à la fois ses intérêts, ceux de ses créanciers et ceux des personnes qui ont des droits subordonnés à la condition de son décès. Les tribunaux ont là-dessus

un pouvoir discrétionnaire. C'est à eux à examiner s'il y a nécessité de pourvoir à tout ou à partie des biens de l'absent. En effet, il eût été impossible au législateur de prévoir tous les cas et de déterminer toutes les circonstances dans lesquelles cette nécessité se fait sentir. Toutefois ils n'ont pas le droit de statuer d'office; il faut qu'ils soient saisis, soit par la demande des parties intéressées, soit par une réquisition du ministère public, qui est le défenseur né des intérêts des absents. [1]

Les tribunaux peuvent donc, si l'absent n'a pas laissé de procuration, comme au cas où il en a laissé une, si le mandataire qu'il a nommé cesse ses fonctions, commettre un notaire chargé de le représenter dans les inventaires, comptes, partages ou liquidations dans lesquels il sera intéressé. Ils peuvent aussi nommer un curateur chargé de pourvoir à l'administration de ses biens.

Autrefois l'usage de nommer un curateur aux absents était généralement admis. Ce fut l'ordonnance de 1667, titre 7, art. 8, qui, frappée des abus qui en résultaient, abolit cet usage. Cependant il résulte des discussions du Code civil que le législateur moderne n'a pas entendu maintenir cette abrogation; qu'au contraire il a voulu laisser une grande latitude aux tribunaux, en leur enjoignant seulement de consulter les circonstances.

Maintenant il s'agit de savoir quel est le tribunal compétent pour pourvoir aux intérêts de l'absent présumé, car le Code garde le silence là-dessus. Il dit seulement dans l'article 112 que, lorsqu'il y a nécessité de pourvoir à tout ou à partie des biens de l'absent, il y sera statué par le tribunal de première instance. Ce tribunal ne peut être que celui du domicile de l'absent ou de sa dernière résidence, puisqu'il s'agit ici d'une question d'état, et que toutes les questions de cette nature se portent devant le tribunal du domicile de l'individu. Le tribunal dans le ressort duquel l'absent posséderait des

---

1 C. de pr., art. 83, n.° 7.

biens ne pourrait donc prendre des mesures conservatoires relativement à ces biens, avant que celui de son domicile n'eût prononcé. Sans cette précaution, qu'arriverait-il? C'est qu'une personne qui n'aurait jamais quitté son domicile pourrait, dans le cas où elle posséderait des propriétés dans un département éloigné du sien, avoir le fâcheux inconvénient de voir ses biens séquestrés en vertu d'un jugement de présomption d'absence fondé sur de fausses preuves. Or tel n'est certainement pas l'esprit de la loi. Et puis, on peut encore dire qu'il n'y a que le tribunal du lieu du domicile de l'absent qui soit à portée de recevoir de ses nouvelles.

Pour saisir ce tribunal, les personnes qui ont un intérêt, soit actuel, soit éventuel, à faire prononcer la présomption d'absence, par exemple les créanciers et les héritiers de l'absent, présentent une requête au président, en joignant à l'appui les pièces et documents nécessaires. Celui-ci nomme un juge pour faire son rapport au jour indiqué, et le tribunal prononce son jugement après avoir entendu le procureur du roi [1]. C'est alors au tribunal de la situation des biens à prendre les mesures propres à garantir les intérêts de l'absent et ceux des parties intéressées.

DEUXIÈME PÉRIODE.

Déclaration d'absence.

Lorsque l'absent est quatre ans sans donner de ses nouvelles, ou, s'il a laissé une procuration, lorsqu'il s'est écoulé un espace de dix ans, quand même la procuration serait donnée pour un plus long espace de temps, l'article 115 accorde aux personnes intéressées le droit de demander la déclaration d'absence.

En effet, lorsqu'une personne laisse passer un aussi long espace de temps sans donner de ses nouvelles, alors qu'on ignore absolu-

1 C. de pr., art. 859.

ment le lieu où elle se trouve, il est bien naturel de penser que peut-être elle a payé tribut à la nature, et, partant de cette supposition, de confier l'administration de ses biens délaissés à des personnes qui ont un intérêt particulier à les conserver.

Il s'agit maintenant de savoir quelles sont ces personnes intéressées? Il est évident que ce ne sont plus les créanciers, car la déclaration d'absence est fondée sur une présomption de mort. Il n'y a donc que ceux dont les droits sont subordonnés à la mort de l'absent qui puissent provoquer cette déclaration.

Ces personnes sont:

Les héritiers présomptifs au jour de la disparition ou des dernières nouvelles de l'absent.

Le conjoint présent, lorsqu'il opte pour la continuation de la communauté.

Le donataire par contrat de mariage, de tout ou partie des biens que l'absent laissera à son décès.

Le légataire universel, à titre universel ou même à titre particulier.

L'appelé à une substitution permise dont est grevé l'absent.

L'ascendant donateur, lorsque l'absent décède sans postérité, et lorsque les objets à lui légués se trouvent encore en nature dans la succession, ou si, étant aliénés, le prix en est encore dû.

Le propriétaire d'un bien sur lequel l'absent a un droit d'usufruit, d'usage ou d'habitation.

L'enfant naturel reconnu, encore qu'il y ait des héritiers légitimes.

L'État à défaut d'héritier.

Le créancier dont les droits sont subordonnés à la condition du décès de l'absent.

Si l'on s'en tenait judaïquement aux termes de l'article 123, il s'ensuivrait que les légataires, les donataires, etc., n'auraient le droit de demander l'envoi en possession provisoire, que lorsque l'héritier présomptif l'a obtenu; car il porte:

« Lorsque les héritiers présomptifs auront obtenu l'envoi en possession provisoire, le testament, s'il en existe un, sera ouvert à la requête des parties intéressées, ou du procureur du roi près le tribunal ; et les légataires, les donataires, et tous ceux qui avaient sur les biens de l'absent des droits subordonnés à la condition de son décès, pourront les exercer provisoirement, à la charge de donner caution. »

Nous ne saurions admettre cette opinion, dont le résultat serait de laisser les biens de l'absent sans possesseur, s'il plaisait aux héritiers de ne pas vouloir demander l'envoi en possession provisoire; ce qui ne manquerait pas d'arriver, si l'absent a institué un légataire universel qui ne soit pas héritier présomptif, et qu'il n'y ait pas d'héritiers à réserve. En effet, les autres héritiers qui n'auront aucun bénéfice à attendre de la succession de leur parent, ne demanderont jamais l'envoi en possession provisoire, et par-là rendront le legs inutile. L'on peut encore invoquer en faveur de notre système un argument de l'article 11 de la loi du 13 janvier 1817, relativement à la manière de constater le sort des militaires absents depuis 1792.

Quant au tribunal compétent pour déclarer l'absence, c'est toujours celui du dernier domicile de l'absent, et à défaut de domicile, celui du lieu de sa dernière résidence. A cet effet, la partie la plus diligente présente au président de ce tribunal une requête, à laquelle sont joints les pièces et documents propres à constater sa demande. Le tribunal ordonne alors qu'une enquête soit faite contradictoirement avec le procureur du roi, tant dans l'arrondissement du domicile de l'absent que dans celui de sa résidence, s'ils sont séparés.[1] Les personnes qui peuvent être citées comme témoins ne sont guère que les parents et les amis de l'absent, ainsi que ceux avec lesquels il avait des relations d'affaires; parce qu'il n'y a qu'eux seuls qui puissent donner des renseignements sur son compte. Toutefois le

1 Art. 116 du C. civ.

tribunal devra agir avec circonspection; car il pourrait arriver que des parents, dans des vues d'intérêt, détruisissent les lettres que l'absent leur aurait envoyées, et déclarassent faussement n'avoir jamais reçu de ses nouvelles. Il n'aura donc à leur déposition que tel égard que de raison, et s'il trouve que les preuves qu'ils fournissent à l'appui de leur demande ne sont pas suffisantes, s'il résulte de l'enquête que si l'absent n'a pas donné de ses nouvelles, c'est qu'il est dans l'impossibilité de le faire, par exemple parce que les communications sont interrompues par une guerre, il pourra décider qu'il n'y a pas lieu, quant à présent, à prononcer la déclaration d'absence. Comme ce jugement n'est rendu qu'en premier ressort, le demandeur peut interjeter appel; si, au contraire, le tribunal accueille sa demande et prononce la déclaration d'absence, le ministère public envoie ce jugement au garde des sceaux, qui le rend public en le faisant insérer dans le Moniteur, afin que l'absent pût être informé des mesures qu'on a prises à son égard. Un an après cette publication, si l'absent n'a pas reparu ou n'a pas donné de ses nouvelles, le tribunal rendra un jugement, en vertu duquel l'absence est définitivement déclarée. Le procureur du roi envoie encore ce jugement au garde des sceaux, qui le rend public comme le premier.[1]

Si, au contraire, l'absent reparaît ou donne de ses nouvelles, il reprendra son patrimoine, à charge par lui de respecter les actes que le tribunal aura jugé à propos de prendre, soit dans son intérêt, soit dans celui des tiers.

Si l'on acquiert la preuve de son décès, sa succession sera ouverte au profit de ses héritiers les plus proches ou de ses successeurs au jour de son décès.[2]

Nous diviserons cette période en deux paragraphes. Dans le premier, nous nous occuperons de l'envoi en possession provisoire et de ses effets; dans le deuxième, nous traiterons de l'envoi en possession définitif et de ses effets.

1 Art. 118 du C. civ. — 2 Art. 130 du C. civ.

§. 1.er *De l'envoi en possession provisoire.*

Jusqu'au jugement de déclaration d'absence, l'absent est plutôt considéré comme vivant que comme mort. Voilà pourquoi les assignations doivent être données à son domicile, s'il en a un, et cela dans les formes prescrites par l'article 168, C. de pr.; si l'absent n'a pas de domicile connu, l'exploit doit être affiché à la principale porte de l'audience du tribunal où la demande est portée, et une seconde copie est remise au procureur du Roi, lequel vise l'original.[1] Mais à dater du jugement de déclaration d'absence, la présomption de mort balance celle de vie, et finit même par l'emporter. Aussi, à partir de cette époque, le testament de l'absent est exécuté; s'il n'en a pas fait, sa succession *ab intestat* est ouverte, du moins provisoirement, au profit de ses héritiers les plus proches au jour de sa disparition ou de ses dernières nouvelles. Tous ceux qui ont des droits subordonnés à la condition de son décès peuvent les exercer provisoirement; la femme peut reprendre sa dot; ses créanciers ne peuvent plus agir contre lui; ils doivent s'adresser aux envoyés en possession provisoire. Cependant, quelque puissante que soit cette présomption de mort, elle tombe devant la preuve de l'existence de l'absent, de quelque manière qu'elle soit fournie.

Nous avons déjà fait connaître les personnes qui ont le droit de demander l'envoi en possession provisoire. Ces personnes peuvent être exclues de ce droit, et même être obligées de rendre les biens dont elles avaient déjà l'administration, lorsqu'il se présente un héritier plus proche. Ainsi, par exemple, si le père de l'absent se remarie, et qu'il ait des enfants de sa seconde femme, ces derniers auront le droit de réclamer tout ou partie de la succession, selon qu'ils sont seuls ou concourent avec d'autres frères ou sœurs de

---

1 Art. 69 du C. de pr., n.° 8.

l'absent, pourvu qu'ils prouvent qu'ils étaient nés ou du moins conçus avant le décès de ce dernier.[1]

Quant aux formalités à suivre pour obtenir l'envoi en possession provisoire, les héritiers peuvent le demander par le jugement même qui déclare l'absence. S'ils ne l'ont pas fait, ils doivent présenter au président du tribunal une requête à laquelle est jointe une expédition du jugement qui a déclaré l'absence. Sur cette requête, le président commet un juge pour faire son rapport au jour indiqué, et le jugement est prononcé après que le ministère public a été entendu.[2] Ce jugement est susceptible d'appel, soit de la part des parties, s'il a rejeté leur demande, soit de la part du ministère public, s'il juge que les demandeurs n'auraient pas dû être envoyés en possession provisoire, parce que d'après le résultat des enquêtes et des débats, il résulte que l'absent est encore en vie.

Suivant l'article 120, l'envoi en possession provisoire n'a lieu que pour les biens que l'absent a laissés au jour de sa disparition ou de ses dernières nouvelles. En effet, tout ce qui lui advient à titre de succession ou autrement, passe à ceux qui l'auraient recueilli, s'il n'eût pas existé. Il en serait de même d'une donation faite sous condition; les héritiers de l'absent ne pourraient en demander la délivrance, qu'en prouvant qu'il existait encore au moment où la condition s'est accomplie. Si plus tard l'absent reparaît ou donne de ses nouvelles, il pourra réclamer de ceux qui ont profité à sa place des biens qui lui étaient échus, la propriété, mais non les revenus de ces mêmes biens : c'est d'ailleurs ce que nous verrons plus loin en parlant des droits qui s'ouvrent au profit de l'absent. Nous allons maintenant indiquer les obligations des envoyés en possession provisoire.

Et d'abord ils doivent donner une caution qui réunisse les con-

---

1 *Incumbit probatio ei qui dicit, non qui negat. L.* 2, *D. de probat.*

2 Art. 859 et 860 du C. de pr. C. b. n.

ditions exigées par les articles 2018 et 2019 du Code civil. Cependant, s'ils possèdent des immeubles suffisants pour garantir les droits de l'absent, ils peuvent les offrir au tribunal, qui leur en donne acte, et cet acte emporte hypothèque judiciaire.[1]

Ils doivent, en second lieu, rendre compte de leur administration, si l'absent reparaît ou donne de ses nouvelles.

Et en troisième lieu, ils doivent faire inventaire des biens de l'absent, chacun pour la part qui lui est échue, devant le procureur du Roi et le juge de paix par lui requis[2]. Pour plus de sûreté, ils peuvent aussi demander que l'état des immeubles soit constaté par un expert. Le tribunal homologue le rapport de cet expert devant le procureur du Roi, et les frais en sont prélevés sur les biens de l'absent. Si les envoyés en possession provisoire négligent de prendre cette précaution, ils sont censés les avoir reçus en bon état.

Relativement à la vente du mobilier, le Code ne prescrit aucune mesure; il a abandonné ce point à la sagesse du tribunal, qui indiquera le mode de vente le plus avantageux selon les circonstances, et désignera les meubles qui devront être vendus. Le Code garde aussi le silence sur l'emploi des deniers provenant de cette vente. Il s'ensuit que les envoyés doivent les faire valoir dans le plus grand intérêt de l'absent; s'ils les laissent oisifs, ils en devront les intérêts, parce qu'ils sont censés les avoir employés à son profit.

Du principe que les envoyés en possession provisoire sont regardés comme héritiers à l'égard des tiers, il s'ensuit qu'ils prescrivent contre eux, et que les tiers prescrivent contre les envoyés de la même manière qu'ils auraient prescrit contre l'absent lui-même : c'est aussi comme conséquence du même principe qu'une loi du 28 avril 1816, article 40, ordonne aux envoyés en possession provisoire de faire dans les six mois du jour de l'envoi en possession la déclaration à laquelle ils auraient été soumis s'ils avaient réellement succédé à

1 Art. 2123 du C. civ. — 2 Art. 126 du C. civ.

l'absent, et d'acquitter les droits de mutation sur la valeur entière des biens qui leur sont échus en partage.

Les envoyés en possession sont de véritables administrateurs. La loi les assimile même aux dépositaires[1], et comme ils sont salariés, ils sont soumis à une plus grande responsabilité que les autres administrateurs. Outre les obligations que nous venons d'énumérer, ils ne peuvent aliéner ni hypothéquer les immeubles de l'absent[2]; ils ne peuvent pas non plus vendre les meubles dont le tribunal a ordonné la conservation. Cependant, en cas d'aliénation, l'absent ne pourrait les revendiquer contre le tiers acquéreur, à cause de la maxime : en fait de meubles, possession vaut titre[3]. Il n'aurait donc de recours que contre le vendeur.

Si, contrairement à la disposition de l'article 128, l'envoyé en possession provisoire aliène les immeubles de l'absent, la vente sera nulle, sans que cette nullité puisse jamais être invoquée par le vendeur, quand même il deviendrait plus tard propriétaire de l'immeuble vendu; car toutes les fois qu'il voudrait intenter contre l'acquéreur l'action en revendication, ce dernier le repousserait avec succès en lui opposant la maxime : *quem de evictione tenet actio, eumdem agendem repellit exceptio*. De plus, si l'acquéreur est de bonne foi, s'il a acheté l'immeuble dans la persuasion qu'il appartenait au vendeur, il pourra consolider sa propriété au moyen de l'usucapion par dix et vingt ans[4]. Passé ce temps, le véritable propriétaire perdra tout recours contre lui.

Cependant, en cas de nécessité absolue ou d'avantage évident, l'envoyé en possession provisoire peut aliéner ou hypothéquer les immeubles de l'absent, en se conformant aux formes établies par la loi ou en vertu d'un jugement.[5]

Comme administrateurs salariés, les envoyés en possession provi-

1 Art. 125 du C. civ. — 2 Art. 128 du C. civ. — 3 Art. 2279 du C. civ.
4 Art. 2265 et 2269 du C. civ. — 5 Art. 128 et 2126 du C. civ.

soire sont responsables de la faute légère, c'est-à-dire, qu'ils doivent apporter à l'administration des affaires de l'absent ces soins et cette exactitude qui caractérisent l'homme diligent et soigneux [1], qui fait usage, dans l'administration de son patrimoine, de l'intelligence qui lui a été départie. Ainsi, ils ne pourraient s'excuser en prétendant qu'ils apportent dans leurs affaires la même négligence que dans celles de l'absent.

Un des principaux effets de l'envoi en possession provisoire, c'est que les actions, tant actives que passives, de l'absent résident sur la tête des envoyés [2]. Ainsi toute personne qui a des droits à exercer contre l'absent, ne peut les poursuivre que contre ces derniers. Toutefois nous pensons que, par analogie de l'article 464, les envoyés en possession provisoire ne peuvent introduire une action immobilière sans se faire autoriser par le tribunal de première instance. S'il en était autrement, ils pourraient facilement éluder la loi qui leur défend d'aliéner de leur propre chef les immeubles de l'absent.

Une fois que le jugement qui ordonne l'envoi en possession provisoire est rendu, le testament est ouvert à la requête des parties intéressées ou du procureur du roi. Si ces parties sont inconnues, les légataires, donataires, etc., peuvent obtenir l'envoi en possession provisoire de ce qui leur advient, moyennant caution.[3]

L'envoi en possession provisoire cesse par le retour de l'absent ou par la réception de ses nouvelles. Dans ce cas les envoyés, ainsi que les personnes qui ont été provisoirement admises à exercer des droits dont la condition est subordonnée à son décès, doivent lui rendre compte de leur administration, et lui restituer tant le capital que les fruits dont ils n'avaient que provisoirement la possession et l'exercice. Mais ils sont autorisés à en retenir les $\frac{4}{5}$, si l'absent ne reparaît que dans les 15 ans qui suivent son absence; les $\frac{9}{10}$ si elle se prolonge

1 Art. 1992 du C. civ. — 2 Art. 132 du C. civ. — 3 Art. 123 du C. civ.

pendant 30 ans; et si l'absent laisse passer ce temps sans reparaître ou donner de ses nouvelles, comme aussi au cas où il s'est écoulé cent ans depuis sa naissance, les envoyés en possession garderont la totalité des fruits[1]. Lorsque l'absent reparaît ou donne de ses nouvelles, les effets du jugement de déclaration d'absence tombent de plein droit.

L'envoi en possession provisoire cesse encore par la nouvelle du décès de l'absent, qui change cette possession en possession définitive. Dans ce cas, si les envoyés en possession provisoire ne sont plus héritiers au jour du décès de l'absent, ils sont obligés de restituer les biens qu'ils ont reçus aux véritables héritiers, et de leur rendre compte de leur administration, sauf le droit qui leur est réservé par l'article 127 dont nous venons de nous occuper.

Enfin, l'envoi en possession provisoire cesse par l'envoi en possession définitif.

§. 2. *De l'envoi en possession définitif.*

«Si l'absence a continué pendant 30 ans depuis l'envoi en posses-
« sion provisoire, ou depuis l'époque à laquelle l'époux marié en
« communauté a pris l'administration des biens de l'absent, les
« cautions sont déchargées; tous les ayant-droit peuvent demander
« le partage des biens de l'absent, et faire prononcer l'envoi en pos-
« session définitif par le tribunal de première instance (art. 129).»

Ainsi, lorsqu'il s'est écoulé cent ans depuis la naissance de l'absent, sans qu'on ait eu de ses nouvelles, ou 30 ans depuis l'envoi en possession provisoire de ses biens, la loi regarde l'absent comme décédé; sa succession est ouverte définitivement au profit de ses héritiers, qui en perçoivent les fruits, sans être tenus de les lui rendre dans le cas où il viendrait à reparaître ou à donner de ses nouvelles.

Les cautions que les envoyés en possession provisoire avaient été

1 Art. 127 du C. civ.

obligés de fournir, cessent de plein droit, sans qu'il soit même nécessaire de demander l'envoi en possession définitif. En effet, aux termes de l'article 2262, toutes actions, tant réelles que personnelles, s'éteignent par le laps de temps de 30 ans, sans que celui qui allègue cette prescription soit tenu de rapporter un titre, ou qu'on puisse lui opposer l'exception déduite de la mauvaise foi.

Pour obtenir l'envoi en possession définitif, les héritiers doivent s'adresser au tribunal qui a prononcé la déclaration d'absence et l'envoi en possession provisoire. Avant de prononcer l'envoi en possession définitif, ce tribunal doit ordonner qu'une enquête soit faite contradictoirement avec le procureur du roi[1], afin de découvrir si, pendant l'envoi en possession provisoire, l'absent n'a pas donné de ses nouvelles. D'après le résultat de cette enquête, le tribunal prononce qu'il n'y a pas lieu, quant à présent, d'autoriser l'envoi en possession définitif, ou permet cet envoi selon les circonstances. Dans ce dernier cas, les héritiers obtiennent la propriété pleine et entière des biens de l'absent. Toutefois cette propriété est révocable lorsqu'il reparaît ou donne de ses nouvelles, ou bien, lorsqu'avant l'expiration des 30 années depuis l'envoi en possession définitif, il se présente des enfants ou descendants de l'absent qui viennent réclamer la succession de leur père.

Sauf cette restriction, les héritiers peuvent exercer sur les biens qui leur sont échus en partage tous les actes qui soient une conséquence du droit de propriété; ils peuvent, par conséquent, les grever d'hypothèque, les aliéner, soit à titre onéreux, soit à titre gratuit; et si l'absent reparaît ou donne de ses nouvelles, il sera obligé de les prendre dans l'état dans lequel ils se trouvent.

Si pendant l'intervalle des trente ans qui se sont écoulés depuis l'envoi en possession définitif, il se présente des enfants ou descendants de l'absent, ils sont admis à réclamer la succession de leur

---

1 Art. 129 du C. civ.

père, pourvu qu'ils prouvent leur filiation selon les règles prescrites par les articles 319 et suivants du Code civil, c'est-à-dire, par l'extrait des actes de naissance inscrits sur les registres des actes de l'état civil, par la possession d'état et même par la preuve testimoniale, pourvu qu'il y ait un commencement de preuves par écrit, ou lorsque des présomptions ou des indices de faits existants sont assez graves pour en déterminer l'admission.

Si ce sont des enfants naturels reconnus qui se présentent, ils peuvent réclamer la part qui leur advient d'après les articles 757 et 908 du Code civil. Mais, après l'expiration des trente années depuis l'envoi en possession définitif, les enfants, soit légitimes, soit naturels, sont déchus de ce droit; et ici ils n'ont pas à se plaindre, et ne peuvent s'en prendre qu'à leur négligence d'être restés un aussi long espace de temps sans faire valoir les droits que la loi leur accordait. Si, cependant, les héritiers présomptifs au jour de la disparition ou des dernières nouvelles de l'absent n'avaient pas demandé l'envoi en possession définitif, ils ne pourraient empêcher les enfants et descendants de l'absent d'intenter leur action utile en pétition d'hérédité, puisque tant qu'ils n'ont demandé ni obtenu cet envoi, leur possession n'est que précaire, et qu'une telle possession ne saurait jamais conférer un droit de propriété, eût-elle d'ailleurs duré cent ans.

Une question controversée est celle de savoir si la prescription est ou non suspendue pendant la minorité des enfants de l'absent.

Les auteurs qui soutiennent l'affirmative, se fondent sur la disposition de l'article 2252, d'après lequel la prescription ne court pas contre les mineurs ni contre les interdits pendant le temps de leur minorité ou de leur interdiction.

Nous ne saurions partager leur opinion pour plusieurs raisons. La première, c'est que la loi ne dit pas que l'action des enfants sera prescrite par trente ans, mais que les enfants pourront dans les trente ans, etc.; elle établit donc un délai préfixe et non une prescription; ce qui est bien différent. Une seconde considération, c'est que ces enfants ont déjà soixante-cinq ans pour réclamer la succession de leur père, et que si les délais étaient suspendus pour chaque minorité, le droit de propriété des envoyés en possession définitive serait chimérique, puisque ces minorités peuvent se succéder jusqu'à l'infini. Or, un tel état des choses serait évidemment contraire au but de la loi, qui désire, autant que possible, la liberté et la stabilité des propriétés. Enfin, nous pourrions encore tirer en faveur de l'opinion que nous défendons, un argument de l'article 129, d'après lequel toutes les cautions sont déchargées après trente ans, depuis l'envoi en possession provisoire. Or, les personnes d'une opinion contraire à la nôtre n'oseraient soutenir que ce délai ne court pas pendant la minorité des enfants ou descendants de l'absent; car l'article 129 est trop formel. Si donc la loi a établi un délai préfixe pour la libération des cautions, nous ne voyons pas pourquoi il en serait autrement à l'égard des possesseurs définitifs, d'autant plus que le nouveau délai, dont parle l'article 133, ne commence à courir qu'après l'expiration du premier.

Une question également controversée est celle de savoir si la propriété des envoyés en possession définitive est révocable, lorsqu'après trente ans depuis l'envoi, il se présente des héritiers ou successeurs de l'absent, lesquels offrent de prouver que trente ans ne se sont pas écoulés depuis le décès de leur auteur, et que par conséquent ils sont encore dans les délais utiles pour exercer l'action directe en pétition d'hérédité, contre ceux qui détiennent les biens héréditaires à titre d'héritiers ou de successeurs.

Les auteurs qui soutiennent la négative se fondent sur la place qu'occupe dans le Code l'art. 130, et disent que, d'après sa rédaction, il ne s'applique qu'au cas où les héritiers se présentent seulement depuis l'envoi en possession provisoire. Cherchant ensuite à établir que leur système est seul conforme à la raison et à l'équité : Voyez, disent-ils, à quelles injustices conduirait l'opinion contraire? Si des descendants de l'absent se présentent dans les 30 ans qui suivent l'envoi en possession définitive, vous ne leur accordez que le droit de ne reprendre les biens de leur auteur que dans l'état dans lequel ils se trouvent; et lorsque dix, vingt ans peut-être après ce délai, il se présentera un héritier collatéral ou autre pour réclamer la succession de l'absent, sur la preuve qu'il établira de son décès, vous lui accorderez la pétition d'hérédité, c'est-à-dire, vous lui donnerez une action réelle, au moyen de laquelle il aura le droit exorbitant de réclamer contre les envoyés en possession définitive, les biens de l'absent, avec les fruits et revenus perçus et non consommés ! Ne serait-ce pas porter le trouble dans la société, spécialement intéressée à ce que les propriétés ne demeurent pas éternellement incertaines? Il faut donc, sous peine de violation de la loi et d'injustice flagrante, considérer l'absent comme décédé au jour de sa disparition ou de ses dernières nouvelles, et par conséquent regarder les envoyés en possession définitive comme ses héritiers ou ses successeurs les plus proches.

Tels sont les principaux arguments que les auteurs de ce système font valoir à l'appui de leur opinion; mais, nous l'avouons, ils ne nous paraissent pas concluants. En effet, d'après l'article 789, l'action en pétition d'hérédité se prescrit par le laps de temps requis pour la prescription des droits immobiliers la plus longue, c'est-à-dire par la prescription de trente ans[1]. D'autre part, l'article 130 déclare formellement que la succession de l'absent n'est ouverte qu'au jour de son décès prouvé, au profit de ses héritiers les plus proches à cette époque, et que ceux qui auront joui de ses biens, soit en qualité d'envoyés en possession provisoire, soit en qualité d'envoyés en possession définitive, seront tenus de les restituer sous la réserve des fruits par eux perçus en vertu de l'article 127. L'article 130 n'est d'ailleurs qu'une conséquence du principe, que tant

---

1 Art. 2262 du C. civ.

que dure l'absence, la loi ne regarde l'absent ni comme mort, ni comme vivant; qu'elle ne voit en lui qu'un homme dont l'existence est incertaine. Voilà pourquoi elle ne regarde les envoyés en possession définitive que comme des propriétaires dont les droits sont sujets à révocation.

Ce qui confirme surtout notre doctrine, c'est que, loin que l'article 130 ne puisse s'appliquer qu'aux envoyés en possession provisoire, il résulte au contraire de sa rédaction définitive, qu'il s'applique aussi aux envoyés en possession définitive. En effet, dans le projet du Code civil il n'était rédigé que pour les envoyés en possession provisoire; car il portait : « Dans le cas du décès prouvé de « l'absent pendant l'envoi en possession provisoire, la succession, etc. » Mais lors de la discussion au Conseil d'État, on retrancha ces mots: *pendant l'envoi en possession provisoire.* Ainsi l'argument déjà bien faible que les auteurs du système contraire prétendent tirer de la place qu'occupe dans le Code l'article 130, tombe de lui-même, puisque, par sa rédaction actuelle, cet article s'applique aussi bien à l'envoi en possession provisoire qu'à l'envoi en possession définitif.

Enfin, il faut bien se garder de confondre l'action directe en pétition d'hérédité, par laquelle les héritiers ont trente ans pour se faire envoyer en possession des biens de leur auteur, pourvu qu'ils prouvent que ce décès est arrivé dans les trente ans de cet envoi, avec l'action utile qui n'exige pas cette preuve et qui compète aux enfants et descendants de l'absent pendant les trente ans qui suivent l'envoi en possession définitif. D'ailleurs il est faux de dire que les héritiers qui jouissent de l'action directe en pétition d'hérédité soient plus favorisés que les descendants. En effet, en qualité de représentant de la personne de l'absent, ils ne sauraient avoir plus de droits que lui : *nemo plus juris in alium transferre potest, quam ipse habet.* Or, après l'envoi en possession définitif, l'absent n'a que le droit de reprendre ses biens dans l'état dans lequel ils se trouvent. Ses héritiers ne peuvent donc prétendre élever leurs prétentions plus haut

Une dernière considération qui milite en faveur de notre système, c'est que les droits que la loi accorde aux envoyés en possession définitive ne reposent que sur une fiction, sur ce que l'absent est présumé mort au jour de sa disparition ou de ses dernières nouvelles. Or, cette fiction venant à s'évanouir devant la réalité, les envoyés n'ont plus de motifs raisonnables pour retenir la propriété des biens, qui ne leur appartiennent plus à aucun titre. Ils doivent donc les rendre aux véritables propriétaires; et s'ils s'y refusent, ils peuvent y être contraints par toutes les voies de droit que donne la loi.

DEUXIÈME PARTIE.

DE L'INFLUENCE DE L'ABSENCE QUANT AU MARIAGE.

§. 1.er *De l'influence de l'absence quant au mariage proprement dit.*

Quelque longue que soit l'absence d'un époux, eût-elle déjà duré cent ans, quelque graves que soient les présomptions de mort qui s'élèvent contre lui, elles ne sauraient jamais délier l'époux présent des liens sacrés qui l'unissent à son conjoint.

En effet, en contractant mariage, les époux ont juré de vivre en commun jusqu'à la mort. Leur serment a été reçu par l'officier de l'état civil; il a été répété à la face des autels. Rien au monde ne peut donc séparer de ces nœuds, qui désormais n'en doivent plus former qu'un seul.

Le Droit romain, qui pourtant admettait le divorce, regardait déjà le mariage comme un lien sacré et indissoluble : *nuptiæ vel matrimonium sunt viri et mulieris conjunctio, consortium omnis vitæ, divini atque humani juris communicatio*[1]. Et Justinien, par

1 *L.* 1, *D. de ritu nupt.*

sa novelle 127, qui abrogea la novelle 122, défendit aux femmes de se marier pendant la captivité de leur mari, quelque longue qu'elle fût, à moins de présenter un certificat attestant qu'il est réellement mort.

Tel est aussi en Droit français le sens de l'article 147, d'après lequel on ne peut contracter un nouvel engagement avant la dissolution du premier. La disposition de cet article est sage, parce qu'il eût été trop dangereux de fixer, en cas d'absence de l'un des époux, un laps de temps passé lequel l'époux présent aurait pu regarder sa première union comme dissoute, et par conséquent en contracter une seconde, alors que peut-être son premier conjoint est encore vivant, et même à la veille de son retour.

Sans doute il est bien triste pour un époux d'attendre éternellement des nouvelles de son conjoint sans jamais en recevoir, de flotter sans cesse entre la crainte et l'espérance; ne sachant pas s'il doit pleurer comme mort celui qui est le sujet de ses cruelles angoisses, ou s'il doit encore se flatter du plaisir de le revoir; en un mot, s'il doit encore se parer du titre d'époux, ou prendre le nom lugubre de veuf.

Ces considérations sont à la vérité bien puissantes, mais elles ont dû fléchir devant cette autre considération bien plus importante, à savoir devant la sainteté et l'indissolubilité du lien conjugal, qui ne permet à un conjoint de contracter une nouvelle union qu'après la dissolution de la première. Or cette dissolution ne peut avoir lieu que par la mort de l'autre conjoint, et non par des présomptions plus ou moins fondées, et qui courent risque d'être démenties tôt ou tard.

Cependant l'époux présent peut oublier ses devoirs, et malgré la défense expresse de la loi, il peut contracter un second mariage au mépris de celui qui existe encore, en repandant faussement le bruit de la mort de son premier conjoint. D'un autre côté, il peut arriver que cet époux soit lui-même de bonne foi, que des présomptions graves, équivalentes presqu'à des certitudes, l'aient trompé sur le sort de son conjoint absent. Par exemple, si le vaisseau dans lequel il s'est embarqué a fait naufrage, et que sur une fausse nouvelle de sa mort, jointe à une telle présomption, il ait contracté une nouvelle union; il s'agit de savoir quel sera le sort d'un tel mariage? Sera-t-il nul? Conservera-t-il son effet jusqu'au jour où l'absent l'attaquera?

Les auteurs ont résolu cette question diversement. Selon les uns, il faut distinguer entre la période de présomption et celle de déclaration d'absence. Dans la première, disent-ils, l'époux qui contracte une nouvelle union est évidemment de mauvaise foi, puisque, loin de chercher à avoir des nouvelles de son conjoint, au moyen d'une demande en déclaration d'absence, il se hâte de conclure un mariage dans un temps où la loi regarde encore l'absent comme vivant. Il faut donc lui appliquer les dispositions de l'article 184, et dire que son mariage peut être attaqué par l'époux trompé, par les parties intéressées et par le ministère public. Ces auteurs ajoutent que si l'on refuse à ces personnes le droit d'attaquer le mariage illégalement conclu pendant la période de présomption d'absence, les articles 147 et 184 seront tout à fait inutiles; car il arrivera rarement qu'un époux se marie sous les yeux même de son conjoint. Qu'en suivant la doctrine contraire, ce serait rétablir le divorce par consentement mutuel, puisque rien ne serait plus facile à deux époux pour lesquels la vie commune est devenue insupportable, que de s'entendre. L'un se retirerait pendant quelque temps dans un pays où il serait sûr de n'être pas découvert, tandis que l'autre, en se fixant dans une commune où il n'est pas connu, pourrait sans peine contracter un second mariage; et celui-ci une fois célébré, le premier époux reviendrait et son mariage serait ainsi dissous.

D'autres auteurs, au contraire, soutiennent que le droit de demander la nullité d'un mariage contracté pendant l'absence d'un époux, n'appartient qu'à ce dernier, sans distinguer d'ailleurs s'il a eu lieu pendant la présomption ou pendant la déclaration d'absence : c'est ce dernier système que nous adoptons, en nous fondant sur les considérations suivantes :

La présomption de mort qui plane sur la tête de l'absent, commence à partir de sa disparition ou de ses dernières nouvelles. Les distinctions, les gradations de règles plus ou moins rigoureuses que la loi a établies, ne s'appliquent qu'aux biens de l'absent, et non à sa personne. D'ailleurs, ne serait-il pas ridicule de faire dépendre la validité d'un mariage de l'observation plus ou moins tardive de ces formes? d'accorder aux personnes indiquées en l'article 184 ou au conjoint seulement, lorsqu'il reparaîtra, le droit d'attaquer le second mariage, selon que les héritiers de ce dernier demanderont ou ne demanderont pas l'envoi en possession définitif?

En second lieu, si la morale a interdit au conjoint présent la faculté de contracter une nouvelle union pendant l'absence de l'autre, il est aussi dans l'intérêt de cette même morale de ne pas permettre à d'autres personnes qu'à l'absent d'attaquer un tel mariage lorsqu'une fois il était conclu. En agir autrement, c'eût été porter bien gratuitement le trouble et la perturbation dans une famille, et tout cela en vertu d'un époux qui n'existe peut-être plus. Au surplus, la rédaction claire et précise de l'article 139 ne peut laisser aucun doute à cet égard.

Quant à l'objection fondée sur la possibilité du divorce par consentement mutuel, elle est plus spécieuse que solide; car le ministère public ne manquera pas de voir si l'absence n'est qu'un voile pour cacher une union coupable, et alors il fera déclarer nul le mariage, en intentant contre l'époux présent l'action en bigamie.

Le mariage contracté par l'un des conjoints pendant l'absence de l'autre, ne peut donc être attaqué que par l'époux absent, soit qu'il reparaisse ou donne de ses nouvelles, tant pendant la période de présomption que pendant celle de déclaration d'absence.

Il s'agit maintenant de la question de savoir si, lorsque l'époux absent reparaît ou donne de ses nouvelles, le second mariage peut être attaqué par les personnes indiquées dans l'article 189, en cas que l'époux de retour ne veuille pas faire usage du droit que lui accorde l'article 139. Ici, nous l'avouons, la question est difficile, et les arguments que font valoir ceux qui embrassent l'affirmative sont d'un grand poids. Sans doute, il est scandaleux pour la morale publique, l'exemple déplorable d'une femme qui a deux maris [1]. S'il naît des enfants de la seconde union, à qui appartiendront-ils? Sera-ce au premier mari? car l'on n'oserait pas dire que le premier mariage est nul, puisque les nullités ne se supposent pas, et que les articles 180 et suivants ne rangent pas au nombre des nullités du mariage le cas où l'époux absent, qui serait de retour, se refuserait à demander la nullité du mariage contracté pendant son absence. D'un autre côté, le deuxième mariage est valable tant qu'il n'a pas été attaqué; le nouvel époux aura donc le droit de réclamer comme siens les enfants qui en sont issus [2]. Le premier mari aura aussi ce droit, suivant la maxime : *pater is est quem nuptiæ demonstrant.* A qui, encore une fois, appartiendront-ils. Quant aux conjoints eux-mêmes, peut-on les forcer à vivre dans un adultère perpétuel? Leur accordera-t-on au moins la séparation de corps?

Telles sont les principales objections que font valoir ceux qui prétendent que l'action en nullité appartient non-seulement à l'époux absent, mais aussi aux personnes intéressées et au ministère public, dans le cas où il ne voudrait pas user de son droit. Ces objections, comme nous l'avons dit, sont graves, et nous nous rangerions volontiers de l'opinion de ceux qui les avancent, si l'article 139 n'était pas aussi formel. Sans doute, le législateur, en n'accordant qu'à

---

1 Ce que nous disons de la femme s'applique aussi au mari, dans le cas où ce serait son épouse qui se serait absentée.

2 Art. 312 du C. civ.

4

l'époux absent le droit d'attaquer le mariage qu'aurait contracté le conjoint présent, a ouvert la porte à de grands scandales. Tout en respectant les droits de l'absent, il aurait dû, pour le cas où il ne voudrait pas en profiter, les accorder aux personnes indiquées en l'article 184.

Mais des considérations morales, quelque fortes et quelque fondées qu'elles soient, sauraient-elles jamais dispenser un citoyen d'obéir à la loi? Loin de là; les personnes éclairées ont toujours professé un grand respect pour elle, et lui ont obéi jusque dans ses écarts. Ils savent qu'une législation, quelque imparfaite qu'elle soit, vaut toujours mieux que de n'en pas avoir du tout, et que du jour où quelqu'un, s'arrogeant en législateur, retrancherait ou corrigerait de sa propre autorité un seul article du Code, de ce jour aussi tout l'édifice de la législation s'écroulerait. Tout ce que nous pouvons faire, c'est de former des vœux pour que cette partie de notre législation soit plus en harmonie avec la morale et l'ordre public.

Il nous reste maintenant à savoir quel sera le sort de la femme et des enfants du deuxième mari, si le mariage n'est pas annulé. La femme sera obligée de cohabiter avec son second conjoint. En effet, si le premier mari voulait revendiquer sa femme, et la faire rentrer avec lui, ce ne pourrait être que par l'action en nullité résultant du deuxième mariage, conformément à l'article 139. Quant aux enfants, ils sont regardés comme légitimes, et ceux qui sont issus du deuxième mariage, appartiendront au deuxième mari, d'après la maxime : *pater is est quem nuptiæ demonstrant.*

§. 2. *De l'influence du mariage quant aux biens des époux.*

Lorsqu'une personne absente est engagée dans les liens du mariage, par qui ses biens sont-ils régis? Sera-ce l'époux présent qui en prendra l'administration? Seront-ils partagés entre les envoyés en possession provisoire?

A cet égard il faut distinguer sous quel régime les époux se sont mariés : si c'est sous celui de séparation de biens, les envoyés en possession provisoire prendront l'administration du patrimoine délaissé par l'absent; s'ils se sont mariés sous le régime de communauté, l'époux présent pourra empêcher l'envoi en possession provisoire des biens de son conjoint absent, en optant pour la continuation de la communauté. Il importe peu, du reste, de savoir quelle espèce de communauté les époux ont choisie, seulement ses droits et ses obligations varient, selon qu'ils se sont mariés sous le régime de communauté légale ou modifiée.

Lorsque c'est la femme qui opte pour la continuation de la communauté, elle prend l'administration des biens propres du mari et de ceux de la communauté. A cet effet, elle doit faire un inventaire fidèle et exact de ces biens, contradictoirement avec le procureur du roi. Elle est soumise à cette obligation, parce que le mari, quoique absent, n'en reste pas moins seigneur et maître de la communauté, et comme tel il a seul le droit d'aliéner et d'hypothéquer les biens qui en font partie. La femme, même lorsqu'elle opte pour la continuation de la communauté, n'est à son égard qu'un simple administrateur, comme les envoyés en possession provisoire; elle doit donc être soumise aux mêmes obligations que ceux-ci, du moins en tant qu'il n'y est pas dérogé par la loi. C'est en vain qu'on voudrait argumenter de son droit de copropriété, et que, pour la dispenser, par exemple, de donner hypothèque sur ses biens, on dirait qu'on ne peut constituer hypothèque que pour garantir les droits d'autrui et non les siens. Nous répondrions à cela, que ce droit de copropriété est purement passif, si bien que si elle contractait un engagement sans l'autorisation de son mari, lorsqu'il est présent, ou, à son insu, la communauté ne serait nullement engagée. Il faut donc admettre que la femme, de même que les envoyés en possession provisoire, est obligée de faire inventaire tant des biens du mari que de ceux de la communauté. Par la même raison elle doit fournir caution de gérer fidèlement ces biens.

Par tout ce que nous venons de dire, il résulte que la femme, administrateur légal des biens de la communauté, n'a que les droits que la loi confère à ceux qui administrent la fortune d'autrui. Ainsi, aux termes des articles 222 et 1427, elle ne peut aliéner les immeubles de la communauté qu'avec l'autorisation du tribunal. Il en est de même lorsqu'elle veut ester en justice. Mais elle peut, sans cette autorisation, aliéner le mobilier, conformément à l'article 1249.

Quoique la femme ait opté pour la continuation de la communauté, elle est toujours admise à en demander la dissolution, si elle en trouve la gestion au-dessus de ses forces.

Si c'est le mari qui est présent et qui opte pour la continuation de la communauté, aucune difficulté sérieuse ne peut s'élever. Seigneur et maître de cette communauté, l'absence de son épouse ne saurait lui enlever ses droits. Il peut donc, comme auparavant, hypothéquer, aliéner à titre onéreux, et même quelquefois à titre gratuit, les immeubles de la communauté[1], sans être tenu de rendre compte à personne de sa gestion. Seulement, s'il emploie les biens communs à enrichir les siens ou à s'enrichir lui-même, il en devra récompense à la communauté[2]. Il ne peut donc être assujetti à faire inventaire des biens de cette dernière et à donner caution pour sûreté de sa gestion.

Lorsque l'époux présent opte pour la continuation de la communauté, a-t-il droit aux fruits que l'article 127 accorde aux envoyés en possession, soit provisoire, soit définitive? La raison de douter, c'est que, d'après l'article 1401, tous les fruits qui proviennent tant des immeubles propres des époux que de ceux de la communauté, tombent dans cette dernière. Or, la communauté n'est jamais dissoute, même par l'absence la plus longue; donc, dit-on, elle a toujours droit à réclamer les fruits que perçoit l'époux présent. Si donc il prétend profiter des dispositions de l'article 127, il sera

1 Art. 1422 du C. civ. — 2 Art. 1437 du C. civ.

obligé de rendre les fruits qu'il a perçus en vertu de cet article, en cas que l'époux reparaisse ou donne de ses nouvelles; ce qui serait prendre d'une main pour restituer de l'autre.

Mais ce n'est pas de cette manière qu'il faut entendre l'article 127. Il porte que tous ceux qui, par suite de l'envoi en possession provisoire ou de l'administration légale, auraient joui des biens de l'absent, ne seront tenus que de lui rendre le cinquième de ses revenus, s'il reparaît avant les quinze ans depuis sa disparition; le dixième, s'il ne reparaît qu'après les quinze ans, et que la totalité des fruits leur appartiendra, lorsque son retour n'aura lieu qu'après trente années d'absence.

L'on voit, par la rédaction de cet article, qu'il n'est nullement dans l'intention de la loi de faire une distinction; au contraire, elle suppose même que l'absent reparaîtra et que le partage se fera avec lui.

Tout ce que nous venons de dire, relativement à l'administration légale, soit de l'époux, soit de la femme lorsqu'ils se sont mariés sous le régime de la communauté, soit légale, soit modifiée, s'applique également au cas où les époux ont adopté le régime dotal, relativement à l'administration de la dot. En effet, ce régime n'est, à proprement parler, qu'une modification de celui de la communauté[1]. C'est d'ailleurs ce qui résulte de la définition même de la dot : « La dot se compose des biens que la femme s'est constitués, ou « qui lui ont été donnés par contrat de mariage par des tiers, et « qu'elle apporte au mari, soit en propriété, soit en jouissance, « pour soutenir les charges du ménage. » Ainsi sous le régime dotal, comme sous celui de communauté, la femme apporte au mari certains biens pour les mettre en commun; ce dernier en a l'administration et la jouissance; seulement il ne peut aliéner ni engager les

---

1 Art. 1540 du C. civ.

immeubles dotaux : encore n'est-ce là qu'une présomption légale que les époux peuvent anéantir en insérant dans leur contrat de mariage que la dot sera aliénable. Le régime dotal n'est donc lui-même qu'un régime de communauté, avec cette différence, que dans ce dernier tous les biens de la femme sont dotaux, relativement à la propriété ou à la jouissance, selon qu'ils tombent dans la communauté pour la propriété ou pour la jouissance seulement. Si, au contraire, les époux se sont mariés sous le régime exclusif de communauté sans toutefois se séparer de biens, tous les biens de la femme seront encore dotaux, mais quant à la jouissance seulement. Sous le régime dotal il n'y a de dotaux que ceux que la femme a déclarés tels; les autres restent paraphernaux, et la femme en conserve l'administration et la jouissance. Sous le régime de communauté, il peut même y avoir des biens paraphernaux; c'est lorsque la femme s'en est réservé quelques-uns pour lui rester propres.

Du principe, que le régime dotal n'est qu'un régime de communauté modifiée, l'absence de l'un des époux ne doit donc pas le rompre, si celui qui est présent juge à propos de le continuer. En effet, le but de la dot est d'apporter au mari une certaine quotité de biens pour soutenir les charges du ménage; et l'une des principales charges est, sans contredit, l'éducation et l'entretien des enfants communs. Or, l'absence de l'un des époux ne fait qu'aggraver ces charges sur la tête de celui qui est présent, au lieu de les alléger. Il serait donc souverainement injuste de lui enlever les avantages qu'il a le droit d'attendre de son contrat de mariage, alors que sa tâche est rendue plus lourde et plus laborieuse. Il doit aussi avoir l'administration des biens paraphernaux ; c'est, d'ailleurs, une conséquence qui découle de l'assimilation du régime dotal à celui de la communauté. Mais comme le mari n'a pas plus de droits qu'un étranger sur ces derniers biens, il est soumis, à leur égard, aux obligations des envoyés en possession provisoire, et par conséquent de donner caution.

Lorsque l'époux présent opte pour la dissolution de la communauté, il peut exercer tous les droits légaux ou conventionnels[1] auxquels la mort de l'absent aurait donné ouverture, à charge par lui de fournir caution pour les choses susceptibles de restitution; et l'envoi en possession provisoire a lieu, comme à l'ordinaire, en faveur des héritiers présomptifs de l'absent au jour de sa disparition ou de ses dernières nouvelles.[2]

Il faut encore distinguer ici si c'est le mari ou la femme qui opte pour la dissolution de la communauté.

Dans le dernier cas, les droits légaux que la femme est autorisée à reprendre sont:

Ses propres mobiliers et immobiliers, et s'ils ont été aliénés, le prix qui en provient, si on n'en a pas fait remploi; si les deniers ont été employés à acheter un autre bien, la femme le prendra. Si ces biens ont été aliénés pour conserver les autres, par exemple s'ils exigeaient de nombreuses réparations, elle n'aura rien à réclamer.[3]

En cas d'aceptation de la communauté, la femme est autorisée à en prendre la moitié, quand même son apport aurait été inférieur à celui de son mari.[4]

En cas d'acceptation ou de renonciation à la communauté, la femme a le droit, pendant les trois mois qui lui sont accordés pour faire inventaire, et les quarante jours pour délibérer, de prendre sa nourriture et celle de sa maison, sur les provisions existantes; et, s'il n'y en a pas, par emprunt au compte de la masse commune, à charge par elle d'en user avec modération. Elle n'est pas non plus tenue de payer, pendant ce temps, le loyer qu'elle occupe dans la

---

1 Les droits légaux sont ceux qui résultent de la disposition de la loi dans le cas où les époux n'ont point fait de contrat de mariage. Les droits conventionnels sont ceux que les époux ont déterminés dans leur contrat de mariage.

2 Art. 124 du C. civ. — 3 Art. 1470 du C. civ. — 4 Art. 1474 du C. civ.

maison commune; et si cette maison était prise à titre de bail, les loyers seraient prélevés sur la masse.[1]

Parmi les droits conventionnels que la femme peut exercer sur la masse commune, on peut citer :

Le préciput qu'elle a le droit de prélever sur la masse commune, même lorsqu'elle renonce à la communauté, lorsque le contrat de mariage lui a réservé cette faculté.[2]

La femme peut encore reprendre les objets qui sont entrés de son chef dans la communauté, mais dont elle a stipulé formellement le droit de retour dans le cas où elle y renoncerait.[3]

Les donations que son conjoint absent lui a faites : elles ne s'exécutent que sur la part des biens communs du donateur, et sur ses biens personnels[4]. Cela est rationnel; car personne ne peut se faire de donation à soi-même; or, il en serait ainsi si elle était prise sur la masse commune, puisque la femme en est copropriétaire.

Lorsque la femme renonce à la communauté, le payement des dettes de cette dernière reste à la charge du mari (art. 1494), à moins qu'elle ne se soit obligée conjointement avec lui, ou que la dette, devenue dette de communauté, ne provînt originairement de son chef. Dans ces deux cas, les créanciers de la communauté auraient le droit de se faire rembourser de leurs créances sur les biens de la femme, qui aurait alors recours à son mari pour ce qu'elle aurait été obligée de payer.

Dans le cas même de renonciation à la communauté, la femme a le droit de reprendre les meubles et les immeubles dont elle a stipulé le retour dans le contrat de mariage, deduction faite des dettes dont ils étaient grevés avant le mariage et que la communauté a payées.

Les objets pour lesquels la femme est obligée de donner caution

---

1 Art. 1465 du C. civ. — 2 Art. 1515 du C. civ. — 3 Art. 1514 du C. civ. — 4 Art. 1480 du C. civ.

lorsqu'elle opte pour la dissolution de la communauté, sont, en cas d'acceptation de cette dernière, les objets qui sont tombés dans son lot, ainsi que les prélèvements qu'elle aura reçus; si elle renonce à la communauté, elle ne devra donner caution que pour les reprises et pour la donation que son conjoint a faites en sa faveur.

Lorsque c'est le mari qui opte pour la continuation de la communauté, il ne reste pas moins chargé, envers les créanciers, des dettes de cette dernière, sauf son recours contre la femme en cas d'acceptation de la communauté.[1]

Comme chef et seigneur de la communauté, le mari sera rarement obligé de donner caution, même en cas de dissolution. En effet, cette dernière n'a pas pour objet d'anéantir les droits du mari, mais plutôt de les restreindre. Ce ne sera donc pas pour les biens qui proviennent de la communauté qu'il sera tenu de donner caution, ni pour la jouissance des biens propres de la femme, puisque cette jouissance fait partie de la communauté. Son cautionnement ne portera que sur la nue propriété des biens que la femme s'est réservés propres, et sur la jouissance et sur la nue propriété des biens paraphernaux, si les époux se sont mariés sous le régime dotal.[2]

Le cautionnement du mari porte en second lieu sur les legs faits par sa femme et sur les donations de biens à venir; car ils deviennent caducs par le prédécès du donataire ou du légataire[3]. Or, quoique la loi présume l'absent mort au jour de sa disparition ou de ses dernières nouvelles, cette présomption tombe devant la preuve contraire. Il peut donc arriver que l'époux présent décède, et que postérieurement à son décès on apprenne que le conjoint absent est mort après lui.

La caution exigée par la loi, doit réunir les conditions indiquées par les articles 2018, 2019 et 2040.

Si l'absent reparaît ou donne de ses nouvelles, la communauté se

1 Art. 1482 du C. civ. — 2 Art. 1576 du C. civ. — 3 Art. 1093 du C. civ.

rétablit, ou plutôt elle est censée n'être jamais dissoute[1]. Ainsi elle comprend toutes les acquisitions que l'époux présent a faites depuis sa dissolution et qui sont susceptibles d'y tomber, sans préjudice toutefois des droits des tiers et de l'exécution des actes qui pendant la dissolution provisoire de la communauté ont pu être faits par la femme en conformité de l'article 1449.[2]

Quand l'absent n'a pas de parents habiles à lui succéder et que le conjoint présent a opté pour la dissolution de la communauté, il peut demander d'être envoyé en possession provisoire des biens de son époux absent, et il sera, comme tel, soumis à toutes les obligations des envoyés en possession provisoire, sans distinguer si c'est le mari ou la femme qui a fait cette demande.[3]

Si l'époux absent est mort ou laisse passer trente ans sans donner de ses nouvelles, la communauté est définitivement dissoute, la caution que l'époux présent avait été obligé de fournir est déchargée de plein droit. Les héritiers de l'absent au jour de la disparition ou de ses dernières nouvelles, peuvent donc demander l'envoi en possession définitif des biens de leur auteur. Si cependant l'époux reparaissait ou donnait de ses nouvelles, la communauté pourrait se rétablir, et l'époux présent devra y faire rentrer les revenus qu'il a perçus, puisqu'elle est censée avoir continué sans interruption depuis le jour du mariage. Cependant le mari devra maintenir comme valables des actes que la femme aura passés avec des tiers.[4]

TROISIÈME PARTIE.

DES EFFETS DE L'ABSENCE RELATIVEMENT A LA SURVEILLANCE DES ENFANTS.

Lorsque le père a disparu, laissant des enfants mineurs issus d'un commun mariage, la mère en aura la surveillance et exercera tous

1 Art. 131 du C. civ. — 2 Art. 1451 du C. civ. — 3 Art. 140 du C. civ. — 4 Art. 1451, 129 et 132 du C. civ.

les droits du mari relativement à leur éducation et à l'administration de leurs biens.[1]

D'après cet article, la femme a l'éducation et l'administration des biens de ses enfants mineurs pendant l'absence, soit présumée, soit déclarée, de son conjoint; elle n'est donc pas tutrice, et comme telle, elle n'est pas, du moins en thèse générale, soumise aux obligations qui sont imposées au tuteur[2]. Ainsi, ses enfants ne sauraient avoir d'hypothèque légale sur ses biens.

Une conséquence de l'article 141, c'est que la femme, réunissant l'autorité du père à la sienne propre sur la personne et les biens de ses enfants, a droit à l'usufruit légal sur ces mêmes biens à partir du jour de la disparition ou des dernières nouvelles de son époux. En effet, la loi le présume mort à compter de cette époque[3]. D'ailleurs l'usufruit légal est une conséquence de la puissance maternelle comme de la puissance paternelle. Or, dans le cas actuel, la mère, jouissant de l'autorité paternelle, qui est suspendue à l'égard de son époux tant que dure son absence, doit profiter des avantages qu'elle procure, comme elle a à supporter les charges qu'elle impose : *ubi emolumentum, ibi onus esse debet.* Cependant si le père reparaissait ou donnait de ses nouvelles, et que la femme ait opté pour la continuation de la communauté, les fruits qu'elle aurait perçus comme usufruitière des biens de ses enfants, retomberont dans cette communauté. Si elle est mariée sous un autre régime, comme au cas où elle a opté pour la dissolution de la communauté, elle devra au père récompense pour les fruits provenant de l'usufruit légal, sauf l'indemnité à laquelle elle a droit pour tout ce qu'elle a dépensé pour l'éducation et l'entretien des enfants communs.[4]

2.° La mère qui administre la personne et les biens de ses enfants, n'a pas besoin de l'autorisation de la justice pour chaque acte d'ad-

---

1 Art. 141 du C. civ. — 2 Cass., 3; déc. 1821; Sir., 1822, 1, 80. — 3 Art. 120 du C. civ. — 4 Art. 385 du C. civ.

ministration qu'elle fait. Elle n'a même pas besoin d'autorisation générale, car sa véritable autorisation se trouve dans le mandat que lui confère la loi. Ainsi elle a le droit de passer, sans l'autorisation de la justice, les baux qui n'excèdent pas neuf années, de percevoir les revenus et d'en donner quittance. Elle peut aussi, sans autorisation, poursuivre en justice les droits de ses enfants mineurs et y défendre.

3.° Le droit de correction, que le père exerce seul pendant le mariage, passe aussi à la mère lors de l'absence du mari; cependant elle ne peut faire détenir l'enfant dont la conduite lui donne de graves sujets de mécontentement, qu'avec le concours des deux plus proches parents paternels de ce dernier, et par voie de réquisition, c'est-à-dire, qu'après avoir obtenu le consentement de ces derniers, elle doit s'adresser au président du tribunal de première instance de son domicile; ce dernier en confère avec le procureur du roi et délivre ensuite l'ordre d'arrestation ou le refuse selon les circonstances, et dans tous les cas il peut abréger le temps de la détention requis par la mère. [1]

Quant aux actes de disposition, il en est autrement : la femme a toujours besoin de l'autorisation de la justice pour aliéner d'une manière quelconque, ou pour hypothéquer les immeubles de ses enfants mineurs. Le père ne saurait lui-même le faire de sa propre autorité, sans se rendre responsable des faits d'une telle gestion.

D'après ce principe, il résulte :

1.° Que la mère ne peut aliéner les immeubles de ses enfants mineurs qu'avec l'autorisation du président du tribunal de première instance, qui ne l'accordera que dans le cas d'une nécessité absolue ou d'un avantage évident; par exemple, pour payer les dettes du mineur, si ses revenus sont insuffisants. La vente ne pourra se faire

---

1 Art. 381 et 377 du C. civ.

qu'aux enchères publiques, conformément à la loi du 2 juin 1841, qui a sur ce point modifié le Code de procédure.

2.° Que cette autorisation est nécessaire pour hypothéquer ses immeubles, pour recevoir un capital mobilier et en donner décharge.

3.° Pour accepter ou pour répudier une succession qui peut échoir à un mineur. Dans ce dernier cas, l'acceptation peut toujours se faire sous bénéfice d'inventaire, conformément à l'article 461. Si, malgré la disposition de cet article, la mère acceptait une succession purement et simplement, et sans se faire autoriser par la justice, et qu'elle fût onéreuse, le mineur pourrait se faire restituer contre cette acceptation, et la mère serait en outre tenue à des dommages-intérêts envers les créanciers de cette succession. Quant aux donations qui sont faites au mineur, elle peut les recevoir sans autorisation, ainsi que le porte l'article 935.

Une attribution de la puissance paternelle que la mère exerce encore par suite de l'absence de son mari, c'est le droit d'émanciper ses enfants mineurs à l'âge de quinze ans[1]. Cependant cette opinion est controversée. M. Duranton prétend qu'en cas d'absence du père, la mère n'a pas le droit d'émanciper ses enfants avant l'âge de dix-huit ans révolus, parce que, dit-il, s'il en était autrement, il dépendrait d'elle de priver son mari d'un des avantages attachés à la puissance paternelle; qu'ainsi, au lieu de le remplacer dans l'exercice de cette puissance, elle la détruirait.

Nous ne saurions partager cette opinion, que nous croyons contraire au texte et à l'esprit de la loi. En effet, l'article 477 porte, que le mineur pourra être émancipé par son père, et à défaut de père, par la mère, lorsqu'il aura atteint l'âge de quinze ans révolus. L'on voit que cet article ne distingue pas, et cela est rationnel. Lorsque, par suite d'absence ou pour toute autre cause, le père est

---

1 Art. 477 du C. civ.

dans l'impossibilité d'exercer la puissance paternelle, la mère est appelée par la loi à le suppléer dans l'exercice de cette puissance. Or, l'émancipation est une conséquence de ce droit; il ne saurait, par conséquent, en être détaché, en vertu de la maxime : *accessorium sequitur principale suum*.

Quant à l'objection que tire l'auteur de ce que la mère pourra priver son mari de l'usufruit légal, pour le cas où il reparaîtrait ou donnerait de ses nouvelles avant que ses enfants émancipés aient atteint l'âge de dix-huit ans, elle n'est guère fondée. En effet, lorsque le mari laisse passer cinq ou dix ans sans donner de ses nouvelles, la présomption de mort est au moins aussi forte que celle de vie; il est donc plutôt à croire que la femme abandonne cet usufruit pour l'avantage de ses enfants, que pour priver son mari d'un droit qu'il est peut-être dans l'impossibilité d'exercer pour toujours.

Si le mineur émancipé se rend indigne du bénéfice de l'émancipation, la mère pourra la faire révoquer, et alors l'usufruit légal et les autres prérogatives de la puissance paternelle renaîtront à son profit.

Si c'est la mère qui est absente, le père conserve comme auparavant l'administration de la personne et des biens de l'absent, et la jouissance de ces mêmes biens, comme si la femme était présente. Il n'y a donc pas à distinguer, comme quelques auteurs l'ont fait, entre la période de présomption et celle de déclaration d'absence.

Ceux qui prétendent que, pendant cette dernière, l'époux présent doit faire nommer un subrogé tuteur à ses enfants mineurs, se fondent sur la présomption de mort qui plane sur la tête de l'absent. En effet, disent-ils, du jour de la déclaration d'absence, la succession de l'absent est ouverte; son testament, s'il en existe un, est exécuté; tous ceux qui ont des droits subordonnés à la condition de son décès, peuvent les exercer provisoirement. En un mot, la loi assimile entièrement l'absent à un homme mort. Par conséquent, le droit d'administration que l'époux présent possède sur la personne et sur les biens de ses enfants, ne doit plus être regardé que comme une tutelle, d'autant plus que cette absence d'un époux détruit ce contrôle qu'ils exerçaient l'un sur l'autre; d'où il résulte qu'un subrogé tuteur doit être nommé pour l'exercer à sa place.

Tout ce raisonnement repose sur une fausse analogie de l'article 451 avec les articles 123 et 126, qui statuent cependant sur des points de vue bien différents; et d'abord, si la loi avait voulu que le mineur dont le père ou la mère est absent, fût pourvu d'un subrogé tuteur, elle n'aurait pas manqué de le dire dans l'article 126, comme elle l'a dit dans l'article 451. Loin de là, elle déclare que la mère [1] est, pendant l'absence de son époux, administrateur légal des biens et de la fortune de ses enfants mineurs. Or, l'article 141 ne distingue pas, et par la généralité de ses termes on voit que, pendant la période de présomption, comme pendant celle de déclaration d'absence, le législateur n'a nullement entendu assimiler les droits du conjoint présent sur la personne et les biens de ses enfants à ceux d'un tuteur. S'il s'élève quelques contestations entre eux, dans le cas où leurs intérêts seraient opposés, comme la mère ne peut être à la fois demanderesse et défenderesse, le tribunal nomme au mineur un tuteur *ad hoc*, contradictoirement avec lequel le procès sera jugé; par exemple, si, lors de l'ouverture du testament du père, il se trouvait que l'enfant ait des intérêts opposés à ceux de sa mère.

Une autre conséquence du principe que la loi n'assimile pas la mère dont l'époux est absent, à une tutrice, c'est que le mineur ne jouit pas de l'hypothèque légale sur ses biens, comme il en jouit sur ceux d'un tuteur [2]. Elle n'est pas non plus tenue de faire inventaire des meubles qui pourraient appartenir au mineur, ni de les vendre; mais elle doit les restituer à la fin de l'usufruit dans l'état

---

1 Il est bien entendu que ce que nous disons ici de la mère s'applique aussi au père, si c'est lui qui a l'administration et la surveillance de ses enfants mineurs.

2 Art. 2135.

dans lequel ils se trouvent, pourvu qu'ils ne soient pas détériorés par sa faute. C'est pour cette raison que l'article 453 lui ordonne de les faire estimer, à ses frais, par un expert, qui sera nommé par le tribunal, et prêtera serment devant le juge de paix, si elle préfère les vendre, ou si elle ne peut les vendre en nature, elle en devra alors la valeur estimative ou le prix pour lequel ils ont été vendus, et les revenus lui resteront à titre d'usufruit.

Du principe que celui qui a la puissance paternelle est comptable, quant à la propriété des biens de son enfant mineur dont il a la jouissance, et quant à cette même jouissance de ceux dont il n'a que l'administration, il résulte que l'époux présent est obligé de donner caution de gérer ces biens en bon père de famille. Enfin, le père doit rendre compte de sa gestion au pupille, lorsqu'il est parvenu à la majorité ou que le bénéfice de l'émancipation lui a été accordé.

Maintenant il s'agit de savoir ce qui arrivera, si, lors de la disparition du conjoint absent ou après sa disparition, mais avant la déclaration d'absence, l'époux présent décède, laissant des enfants mineurs. L'article 142 porte à ce sujet :

« Six mois après la disparition du père, si la mère était décédée « lors de cette disparition, ou si elle vient à décéder avant que l'ab- « sence du père soit déclarée, la surveillance des enfants sera déférée « par le conseil de famille aux ascendants les plus proches, et à leur « défaut, à un tuteur provisoire. »

Si, pendant la période de présomption d'absence, la loi ne donne pas au mineur un tuteur définitif, c'est qu'elle pense que l'absent peut reparaître ou donner de ses nouvelles d'un jour à l'autre. C'est aussi pour cette raison qu'elle ne leur donne pas même un tuteur provisoire, lorsque la mère est décédée six mois après la disparition du père. Mais pendant ces six mois, qui prendra soin de la personne du pupille et de l'administration de ses biens? Ce sera les ascendants, ou, à leur défaut, les autres parents ou les amis des père et mère; du moins la loi le suppose ainsi. Cependant il pourrait arriver que l'absent n'eût ni parents ni amis, par exemple, s'il était établi depuis peu dans le pays, d'où ensuite il a disparu. Il peut aussi arriver que ceux-ci refusent de prendre soin du mineur; dans ce cas, le procureur du roi, qui est le défenseur né des intérêts des absents et des mineurs, devra y pourvoir, en nommant un administrateur provisoire, qui prendra soin de la personne et des biens du pupille jusqu'à la nomination du tuteur provisoire.

La loi dit d'abord qu'en cas du décès de la mère, arrivé pendant l'absence du père, et avant le jugement qui la déclare, la surveillance des enfants sera confiée à l'ascendant le plus proche. Ici ce ne sera plus cette surveillance qu'exerce l'un des époux pendant l'absence de l'autre, et qui est une conséquence de la puissance paternelle; ce sera une véritable tutelle, et ce qui le prouve, c'est la fin de l'article, qui est ainsi conçue : « à défaut d'ascendant, la surveillance « sera confiée à un tuteur provisoire que nommera le conseil de « famille. »

M. Delvincourt fait avec raison remarquer que, si l'article 142 dit que la surveillance des enfants est confiée à l'ascendant le plus proche par le conseil de famille, c'est que, lors de la rédaction du titre de l'absence, celui de la tutelle n'était pas encore décrété, et que dès lors on ne pouvait savoir si on admettrait une tutelle légitime des ascendants. Mais aujourd'hui qu'elle existe, ce n'est plus à l'article 142, mais aux articles 402 et suivants qu'il faut recourir, d'après la règle : *posteriores leges prioribus derogant.*

Du principe que le tuteur provisoire est assimilé à un véritable tuteur[1], il résulte,

Que, s'il y a eu un administrateur, le tuteur provisoire n'a qu'à recevoir le compte qu'il doit lui rendre, et à continuer sa gestion.

---

1 L'ascendant étant ici assimilé au tuteur provisoire, ce que nous dirons de l'un s'appliquera aussi à l'autre, sauf les modifications établies par la loi, et que nous ferons connaître.

S'il n'y a pas eu d'administrateur, comme au cas où il n'a pas fait d'inventaire, le tuteur provisoire devra le faire en présence d'un subrogé tuteur, qui sera nommé par le conseil de famille. Dans le mois qui suivra cet inventaire, il devra procéder à la vente des meubles du mineur, à moins que le conseil de famille n'en ait décidé autrement.[1]

Il devra faire régler, par aperçu, la somme à laquelle devra s'élever la dépense annuelle du mineur, selon l'importance de sa fortune;

Faire décider s'il pourra se faire aider dans sa gestion d'un ou de plusieurs administrateurs salariés;

Faire fixer la somme à laquelle il devra employer l'excédant des revenus du pupille sur la dépense. S'il néglige de prendre cette mesure, il sera comptable de l'emploi des sommes même les plus minimes, parce qu'elles seront censées avoir tourné à son profit.[2]

De même que le tuteur ordinaire, le tuteur provisoire doit, si le pupille est en âge de prendre un établissement, lui en procurer un conforme à sa position.[3]

S'il est parvenu à l'âge de dix-huit ans, le tuteur provisoire pourra provoquer l'émancipation du mineur devant le conseil de famille, qui accueillera sa demande, s'il la croit conforme aux intérêts bien entendus du mineur, et la rejettera, s'il pense que ce bénéfice lui serait préjudiciable.[4]

Enfin, si le mineur donne par sa conduite de graves sujets de mécontentement, le tuteur provisoire pourra se faire autoriser par le conseil de famille, à l'effet de demander au président du tribunal de première instance sa détention provisoire. Le président, après en avoir conféré avec le procureur du roi, délivrera l'ordre d'arrestation ou le refusera, selon qu'il le jugera convenable. Il pourra dans tous les cas abréger le temps de sa détention.[5]

1 Art. 451 et 452 du C. civ. — 2 Art. 455 et 456 du C. civ. — 3 Art. 450 du C. civ. — 4 Art. 478 du C. civ. — 5 Art. 468 du C. civ.

Relativement au patrimoine du mineur, le tuteur provisoire ne pourra ni emprunter pour lui, ni aliéner, ni hypothéquer ses immeubles, qu'avec l'autorisation du conseil de famille, homologuée par le tribunal de première instance, qui y statuera en la chambre du conseil, et après avoir entendu le procureur du roi. Cette vente se fera aux enchères publiques, conformément à la loi du 2 juin 1841.[1] Cependant ces formalités ne sont pas applicables, si le tribunal a ordonné la licitation sur la provocation d'un partage par indivis. Seulement la vente se fera toujours aux enchères publiques, et jamais devant un notaire, comme cela aurait pu se faire, si toutes les parties avaient été majeures.[2]

Le tuteur provisoire ne peut pas non plus accepter ou répudier une succession ou un legs échu au mineur, sans l'autorisation du conseil de famille. Dans tous les cas, la succession ne peut être acceptée que sous bénéfice d'inventaire. Quand même le tuteur provisoire aurait répudié une succession échue au mineur, il pourrait encore l'accepter, s'il ne s'était pas présenté d'héritier, pourvu qu'il y soit autorisé par une nouvelle délibération du conseil de famille, homologuée par le tribunal de première instance.[3]

Relativement aux donations qui peuvent être faites au mineur, il faut distinguer : si c'est un ascendant qui a la surveillance provisoire, il peut accepter une donation qui est faite à son pupille, sans l'autorisation du conseil de famille[4]; mais si c'est un tuteur, cette autorisation lui est nécessaire.[5]

Le tuteur provisoire ne peut pas non plus compromettre sur les intérêts du pupille; car ils sont communicables au ministère public[6], et l'article 1004 du Code de procédure dit, qu'on ne peut compromettre sur ces sortes d'affaires.

Enfin, il ne peut, sans l'autorisation du conseil de famille, intro-

1 Art. 457, 458 et 2126 du C. civ. — 2 Art. 460 et 827 du C. civ. — 3 Art. 461 et 462 du C. civ. — 4 Art. 935 du C. civ. — 5 Art. 463 du C. civ. — 6 Art. 83, n.° 2, C. de pr.

duire une action immobilière, ou une action concernant l'état du mineur, ni acquiescer à une demande relative aux mêmes droits[1], ni provoquer au partage. Du reste, il peut introduire une action mobilière, défendre à une action immobilière, en partage ou en licitation des biens du mineur.

La tutelle provisoire cesse de plein droit, si l'absent reparaît ou donne de ses nouvelles. Dans le cas contraire, elle dure jusqu'à la déclaration d'absence. Alors, comme la présomption de mort balance fortement celle de vie, la loi ne se borne plus à confier à un tuteur provisoire la surveillance de la personne et des biens du mineur; elle veut qu'un tuteur définitif lui soit donné. C'est ce qui résulte d'ailleurs de l'article 142, qui porte: qu'il y a lieu à tutelle provisoire lorsque la mère est décédée avant la déclaration d'absence du père. D'où nous concluons, par argument de cet article, que lors de la déclaration d'absence la tutelle provisoire fait place à la tutelle définitive. Si c'est un ascendant qui a la tutelle provisoire, il peut aussi garder la tutelle définitive, à moins qu'il ne se fasse valablement excuser. Si la surveillance du mineur a été confiée à un tuteur provisoire, le conseil de famille pourra lui donner aussi la tutelle définitive; dans ce cas il n'aura qu'à continuer sa gestion. Si le conseil de famille nomme un nouveau tuteur, le tuteur provisoire devra lui rendre compte lors de son entrée en fonctions.

Outre les modes d'extinction de tutelles ordinaires, la tutelle des enfants d'un absent finit aussi lorsque le père reparaît ou donne de ses nouvelles.

Toutes les règles que nous venons d'établir pour le cas où le conjoint présent viendrait à mourir lors de l'absence de l'autre, en laissant des enfants mineurs, s'appliquent aussi à l'hypothèse où e conjoint absent a laissé des enfants du premier lit, puisque l'existence de l'époux présent leur est tout à fait indifférente.

---

1 Art. 464 et 465 du C. civ.

L'ascendant le plus proche prendra donc la surveillance de ces enfants, et à défaut d'ascendant, le conseil de famille nommera un tuteur provisoire. Si l'absence dure cinq ans ou dix ans, si l'époux absent a laissé un mandataire, les héritiers les plus proches et le tuteur, au nom de son pupille, présenteront une requête au président du tribunal de première instance, à l'effet de faire déclarer l'absence de l'époux qui a disparu. Si le tribunal fait droit à leur demande, le tuteur provisoire sera remplacé par un tuteur définitif. Cette tutelle cesse, comme la précédente, lorsque l'absent reparaît ou donne de ses nouvelles.

QUATRIÈME PARTIE.

DES EFFETS DE L'ABSENCE RELATIVEMENT AUX DROITS QUI S'OUVRENT AU PROFIT DE L'ABSENT.

Lorsqu'un droit s'ouvre au profit de l'absent, ses héritiers sont obligés, pour le faire valoir en son nom, de prouver son existence. C'est là une conséquence du principe que, si la loi ne regarde pas l'absent comme mort, du moins elle le présume tel, et agit en conséquence de cette présomption.

Voilà pourquoi l'article 135 porte :

« Quiconque réclamera un droit échu à un individu dont l'exis-
« tence ne sera pas reconnue, devra prouver que ledit individu exis-
« tait quand le droit a été ouvert : jusqu'à cette preuve, il sera
« déclaré non recevable dans sa demande. »

L'on voit que cet article ne distingue pas entre la période de présomption et celle de déclaration d'absence. Cependant il ne faut pas lui donner un sens qu'il n'a pas, car on pourrait arriver aux conséquences les plus étranges. Par exemple, qu'un individu, pour une affaire imprévue, quitte son domicile sans prévenir personne, sans même avoir eu le temps de nommer un mandataire chargé de gérer ses affaires et de le représenter dans les actes de la vie civile; qu'ensuite, peu de jours après son départ, il s'ouvre une succession à laquelle il est appelé conjointement avec d'autres cohéritiers, ces derniers seront-ils en droit de refuser à ses parents, lorsqu'ils viendront à la réclamer, sa part dans la succession, en leur disant : Vous prétendez exercer au nom d'un absent un droit qui est ouvert à son profit; prouvez-nous qu'il existe encore?

L'on sent bien qu'avec un tel système il serait bien facile d'écarter d'une succession un individu qui ne serait absent que depuis quelques jours, ou, ce qui revient au même, dont on n'aurait eu des nouvelles que depuis peu de temps; car on pourrait toujours dire à ceux qui se présenteraient pour faire valoir ses droits : Il ne suffit pas que vous nous prouviez que l'absent était en vie, il y a quelque temps, mais le jour même où un droit s'est ouvert à son profit.

Ce système serait donc bien funeste au repos des familles et des individus, et bien fait pour arrêter toute entreprise et pour paralyser tout commerce, puisque personne n'oserait impunément abandonner son domicile, sans voir ses droits exercés par d'avides parents. Non, la loi n'a pas entendu consacrer un principe aussi injuste. Si dans l'article 135 elle veut que celui qui réclame au nom d'un absent un droit ouvert à son profit, elle a certainement entendu parler d'une personne qui depuis un assez long espace de temps n'a pas donné de ses nouvelles. C'est donc ici le lieu de distinguer soigneusement l'absent, dans le sens strict de ce mot, du non-présent, c'est-à-dire de celui dont on a des nouvelles à des époques plus ou moins éloignées, ou du moins dont le lieu de la résidence est connu. Or, il est évident que la loi n'a pas entendu parler de ce dernier; mais comme elle ne pouvait déterminer sans arbitraire l'époque qui devra séparer l'absence proprement dite de la non-présence, elle a sagement abandonné ce point à la prudence des tribunaux, qui prononceront selon les circonstances.

Après avoir indiqué à quelles personnes s'appliquait l'article 135, il s'agit maintenant de tirer les conséquences de cet article.

Et d'abord la première se trouve dans l'article 136, qui porte : « S'il s'ouvre une succession à laquelle est appelé un individu dont « l'existence n'est pas connue, elle sera dévolue exclusivement à « ceux avec lesquels il aurait eu le droit de concourir, ou à ceux « qui l'auraient recueillie à son défaut. »

Une question se présente ici, c'est celle de savoir si un enfant dont le père est absent peut se présenter à la succession de son aïeul concurremment avec son oncle. Ce dernier pourrait lui dire, pour le repousser : De deux choses l'une; ou vous vous présentez à la succession de votre parent en vertu du droit de représentation, ou en vertu du droit de transmission. Or, dans ces deux cas vous serez également repoussé, si dans le premier vous ne prouvez pas que votre père était mort lors du décès de notre parent, et si dans le second vous ne prouvez pas qu'il était vivant à l'époque de ce même décès. Mais le neveu lui répliquera avec succès : mon père ne peut pas être à la fois vivant pour vous et mort pour moi, ou mort pour vous et vivant pour moi. Si mon père est vivant, j'exerce ses droits en qualité d'administrateur de ses biens, et comme tel j'ai celui de réclamer les successions et autres droits qui sont ouverts à son profit. S'il est mort, j'ai celui de le représenter à la succession de notre parent. Je n'ai donc en aucune façon besoin de prouver son existence ou son décès pour me présenter en concurrence avec vous.

On pourrait encore ajouter en faveur du neveu, que son oncle, dans le cas où il voudrait l'écarter de cette succession, devrait prouver que, lors même qu'il existerait des enfants et des descendants d'une personne absente, l'oncle n'aurait pas moins le droit de prendre toute la succession, tant que cette dernière ait été déclarée indigne, et par cela seul, qu'elle est absente. Or, cette preuve lui serait impossible en vertu de l'article 731[1]. Le neveu dont le père

---

1 Paris, 27 janv. 1812. Sirey, 2, 292.

est absent, peut donc se présenter concurremment avec son oncle à la succession de son aïeul; mais il devra rapporter les dons et les legs que le testateur lui a faits, parce que l'absent est présumé mort au jour de sa disparition ou de ses dernières nouvelles. Il devra également rapporter les dons et les legs faits à son père, parce que ce n'est pas de son chef qu'il vient à la succession de son aïeul, mais par droit de représentation.

Hors l'hypothèse dont nous venons de parler, tous ceux qui veulent réclamer en leur faveur un droit ouvert au profit de l'absent, doivent prouver qu'il existait lors de l'ouverture de ce droit, sinon ils ne seraient pas écoutés dans leur demande. Ainsi, si une donation est faite à un absent sous condition, il faut que celui qui réclame les objets qui en font partie, prouve d'abord que l'absent existait encore au moment de la condition. Ainsi encore, si l'absent est créancier d'une rente viagère, celui qui voudrait réclamer les arrérages de la rente, devra prouver que la personne sur la tête de laquelle cette rente est constituée, vivait encore lors de l'époque du payement de l'arrérage.[1]

Ce que nous venons de dire pour le cas où il s'ouvrirait une succession en faveur de l'absent, s'applique aussi à celui où tout autre droit serait échu à son profit. Ainsi, par exemple, si c'était un legs, celui ou ceux qui seraient chargés de le lui délivrer, pourraient le garder provisoirement, si ceux qui le réclament au profit de l'absent ne pouvaient prouver qu'il était encore vivant lors du décès de celui qui lui a laissé le legs. Ainsi encore, si deux époux avaient inséré dans le contrat de mariage une clause par laquelle ils auraient stipulé que le survivant des deux sera autorisé à prélever sur la masse commune, avant tout partage, une certaine somme ou une certaine quantité d'objets mobiliers et immobiliers, et que l'époux présent vînt à décéder, les héritiers du conjoint absent ne pourraient em-

1 Art. 1983 et 1971.

pêcher ceux de cet époux à prélever avant tout partage le préciput stipulé au contrat de mariage, qu'en prouvant que le conjoint absent vivait encore lors du décès de l'époux présent.[1]

Dans le cas où les ayants droit de l'absent ne pourraient prouver son existence ni son décès, ceux qui sont ses cohéritiers, s'il s'agit d'une succession, ou ceux qui, à son défaut, y auraient été appelés, partageront entre eux sa part, ou recueilleront à sa place la succession, sauf à lui rendre ce qui lui est dû s'il vient à reparaître ou à donner de ses nouvelles. Il en sera de même, s'il s'agit d'un legs ou d'un préciput, ou de tout autre avantage qui exige, pour être exercé au profit d'une personne, qu'on soit certain qu'elle existe encore, ou qu'elle soit morte avant le décès de celui qui lui a fait ledit avantage. Cependant les personnes qui exercent provisoirement les droits de l'absent peuvent consentir à le regarder comme présent et à partager avec lui ou à lui remettre ce qu'il doit recevoir. Dans ce cas, le tribunal nomme un notaire chargé de le représenter, si son droit s'ouvre pendant la période de présomption d'absence; si ce droit est ouvert pendant la période de déclaration, ce sont les envoyés en possession provisoire qui les exercent à la place de l'absent.

Si au contraire les cohéritiers de l'absent ou ceux qui sont appelés à sa place à jouir du droit qui était ouvert en sa faveur, veulent profiter du droit que leur accorde la loi, ils seront dispensés de faire inventaire et de donner caution pour ce qu'ils ont reçu. C'est encore là une lacune dans la loi qui, pour ne pas rendre les droits de l'absent illusoires, dans le cas où il reparaîtrait ou donnerait de ses nouvelles, aurait dû assimiler ceux qui sont appelés à jouir des droits de l'absent aux envoyés en possession provisoire, et par conséquent exiger d'eux qu'ils fissent inventaire et donnassent caution pour sûreté de leur gestion.

L'action en pétition d'hérédité, qui est accordée à l'absent lorsqu'il

1 Art. 1515.

reparaît ou donne de ses nouvelles, est une action réelle, au moyen de laquelle il réclame contre les héritiers et successeurs du défunt, les choses qu'ils possèdent en son propre nom. Mais il ne peut réclamer contre eux les fruits qu'ils ont perçus, car l'article 138 les leur accorde en totalité.

Nous avons vu plus haut que cette action était aussi donnée aux héritiers et aux légataires de l'absent dans les trente ans qui suivent son décès, pourvu qu'ils en fournissent la preuve.

L'action en pétition d'hérédité qui est donnée à l'absent ou à ses représentants, contre ceux qui détiennent une succession ou une portion de succession à lui échue, ne s'éteint que par la prescription de trente ans, conformément à l'article 137.

Outre l'action en pétition d'hérédité, l'absent, ses descendants, héritiers ou légataires, en ont encore d'autres à faire valoir, selon la nature des droits qui leur sont échus.

APPENDICE.

DES EFFETS DE L'ABSENCE RELATIVEMET AUX MILITAIRES DES ARMÉES DE TERRE ET DE MER.

Après avoir parlé de l'absence en tant qu'elle concerne les individus en général, il ne sera pas hors de propos de traiter sommairement, dans un appendice, des effets de l'absence relativement aux militaires des armées de terre et de mer, qui ont disparu depuis le 21 avril 1792, jusqu'à la paix générale qui fut conclue le 20 novembre 1815; d'autant plus, que cette matière a encore aujourd'hui son importance pratique.

Les règles relatives à ce sujet sont consignées dans la loi du 13 janvier 1817, qui a implicitement abrogé les lois des 11 ventôse et

16 fructidor an 2, et du 6 brumaire an 5. C'est pourquoi nous ne nous occuperons pas de ces dernières.

D'après la loi de 1817, si un militaire ou marin en activité de service dans les guerres qui ont eu lieu depuis le 21 avril 1792 jusqu'à la paix du 20 novembre 1815, a disparu de son corps ou équipage, ou bien de son domicile ou du lieu de sa résidence, ses héritiers sont recevables à intenter une action en revendication.

A cet effet ils doivent présenter au procureur du roi du domicile ou de la dernière résidence du militaire absent une requête appuyée des pièces justificatives. Par exemple, des lettres qu'ils auraient reçues du militaire absent à une époque déjà éloignée, des extraits des registres des corps d'armée dont il faisait partie et tenus dans les formes voulues par les articles 88 et suivants. Le procureur du roi fait parvenir le tout au ministre de la justice, qui lui-même les remet au ministre de la guerre ou de la marine, selon que le militaire absent faisait partie de l'armée de terre ou de mer. Le ministre qui les reçoit publie la demande en déclaration d'absence par une insertion qui se fait ordinairement dans le Moniteur. Les pièces sont ensuite rendues au ministre de la justice, qui les renvoie au procureur du roi. Ce dernier les dépose au greffe du tribunal, qui, un an après la publication de la demande en déclaration d'absence, rend un jugement par lequel il admet ou rejette la demande des héritiers, selon qu'il la juge bien ou mal fondée. Il peut aussi ordonner qu'une enquête soit faite contradictoirement avec le procureur du roi, soit dans le corps ou dans l'équipage où le militaire absent a servi, soit au lieu du domicile ou de sa dernière résidence. S'il résulte de cette enquête qu'on a été au moins deux ans sans avoir de ses nouvelles, si le corps est resté en Europe, et quatre ans s'il combattait hors de ce pays, le tribunal prononcera la déclaration d'absence, et par suite l'envoi en possession provisoire, si les héritiers de l'absent l'ont demandée; ou bien il rejettera la demande, selon les circonstances. Ce jugement n'étant rendu qu'en premier ressort, le ministère public peut en appeler, s'il trouve que le tribunal s'est décidé sur des motifs peu fondés. Les parties peuvent aussi user de cette voie de recours, si elles trouvent que le tribunal a rejeté leur demande à tort, parce que, d'après le résultat de l'enquête, il leur paraît certain que l'ignorance la plus absolue règne sur le sort de l'absent. Si le jugement qui admet la déclaration d'absence est confirmé, les héritiers de l'absent pourront se faire envoyer en possession provisoire de ses biens, sans être obligés d'attendre le délai de cinq ou de dix ans, selon que le militaire absent a ou non laissé une procuration.[1]

S'il reparaît ou donne de ses nouvelles dans les dix ans qui suivent le jugement de déclaration, les envoyés en possession provisoire seront obligés de rendre tous les fruits qu'ils ont perçus.

De même que les envoyés en possession provisoire ordinaires, ceux d'un militaire absent sont obligés de fournir caution pour sûreté de leur gestion. Si cependant ils justifient avoir des immeubles suffisants pour répondre de ce qu'ils doivent restituer au militaire absent en cas qu'il reparaisse ou donne de ses nouvelles, le tribunal peut leur accorder de se cautionner eux-mêmes.

Si l'épouse ou les héritiers de l'absent refusent de demander la déclaration d'absence, tous ceux qui ont des droits subordonnés à la condition du décès peuvent les sommer de le faire, et sur leur refus, ils peuvent provoquer eux-mêmes cette demande devant le tribunal de première instance, et par suite demander l'envoi en possession provisoire. Cette disposition est sage, comme nous l'avons fait remarquer en parlant de la déclaration d'absence et de l'envoi en possession provisoire, puisque, sans cela, il dépendrait du mauvais vouloir d'un héritier négligent d'empêcher ceux qui ont des droits subordonnés à la condition du décès de l'absent, de les faire valoir.

---

1 Art. 115, 119 et 121.

S'il résulte, soit des registres du corps ou de l'équipage auquel le militaire absent appartient, soit des enquêtes, soit de l'attestation du ministre de la guerre ou de la marine, selon que ce militaire appartient à l'armée de terre ou à celle de mer, qu'il est décédé, le procureur du roi près le tribunal de première instance du lieu de son dernier domicile ou de sa dernière résidence, fera transcrire l'acte de son décès sur les registres de l'état civil; et les héritiers les plus proches, au jour de ce décès, seront appelés à la succession de ses biens, conformément à la règle générale.

Enfin, par son article 13 et dernier, la loi de 1817 renvoie au Code civil pour toutes les dispositions qu'elle n'a pas prévues, et par là abroge implicitement, comme nous l'avons dit en commençant, les lois des 16 fructidor et 11 ventôse an 2 et 6 brumaire an 5.

DROIT COMMERCIAL.

De la novation des obligations résultant de la lettre de change.

NOTIONS PRÉLIMINAIRES.

La lettre de change, étant un contrat, doit s'éteindre par tous les modes d'extinction des contrats en général : par le payement, la novation, la remise volontaire, la compensation, la confusion, la perte de la chose, la nullité ou rescision, l'effet de la condition résolutoire, et enfin par la prescription.

De tous ces différents modes, nous n'avons à nous occuper que de la novation. Si le Code de commerce n'en parle pas, il ne faut pas en conclure qu'il ne le regarde pas comme un mode d'extinction des obligations commerciales, mais bien parce qu'il n'a pas cru devoir tracer des règles spéciales pour cette matière, qui dès lors est régie par les principes du Droit commun. Cependant, tout en appliquant au Droit commercial et à la lettre de change en particulier les principes de ce Droit, il ne faut pas perdre de vue qu'ils ne sont admis qu'autant qu'ils ne sont pas incompatibles avec ceux qui régissent le contrat et la lettre de change, suivant la maxime : *in toto jure generi per speciem derogatur*. Ainsi, en vertu du caractère négociable de la lettre de change, dont le payement doit être assuré aux tiers porteurs de bonne foi, bien que cette lettre soit éteinte par le payement, elle revit pour eux au moyen d'un endossement, sauf le recours de celui qui a été obligé de payer ce qu'il ne devait pas contre l'endosseur.

Selon le Droit commun, la novation est la transformation contractuelle d'une obligation en une autre: *novatio enim a novo nomen accepit, et a nova obligatione.*[1]

Pothier, dans son Traité des obligations, n.° 581, disait que la novation était la substitution d'une nouvelle dette à l'ancienne, qui est éteinte; et cet auteur ajoutait que la nouvelle dette n'éteint l'ancienne qu'autant qu'elle est contractée à sa place. Il faut donc, pour qu'il y ait novation, que deux dettes existent ensemble, et que l'une soit antérieure à l'autre, ne fût-ce que d'un instant de raison.

D'après cela, tant que l'ancienne dette existe, il n'y a pas novation. Par exemple, si un débiteur présente à son créancier une autre personne pour satisfaire à sa place à l'obligation qui lui est imposée, il n'y aura pas de novation, quand même le créancier aurait accepté ce nouveau débiteur; mais elle aura lieu, s'il décharge ensuite l'ancien de son obligation.

Il y a donc deux choses à considérer dans la novation : la création de la nouvelle dette et l'extinction de l'ancienne.

D'après l'article 1272, la novation ne peut s'opérer qu'entre personnes capables de contracter, ou plutôt elle ne peut s'opérer qu'entre personnes capables de faire ou d'accepter une renonciation.

En effet, si un incapable est, par suite de novation, substitué à un débiteur capable, ce dernier ne sera pas moins libéré de son obligation, quand même le premier ferait annuler la sienne, parce que l'extinction de l'ancienne obligation n'est pas tant, en matière de novation, la conséquence immédiate de la formation du nouvel engagement, que le résultat de la renonciation du créancier, qui peut fort bien abandonner ses droits sur l'ancienne obligation, quand

---

1 *L.* 1, *D. de novat. et deleg.* (46, 1.)

même la nouvelle serait annulée. Sans doute, la cause qui a fait renoncer le créancier à la première obligation, a pu être erronée; mais, s'il l'a fait renaître par suite d'une action en nullité pour cause d'erreur, ce ne sera pas comme conséquence de la nullité de la nouvelle obligation, mais par le moyen de l'action en nullité de la renonciation en vertu de laquelle l'ancienne obligation a été éteinte.

Les Romains, du moins sous la législation de Justinien, voulaient que la novation fût expresse, comme on le voit par la loi dernière au Code *de novat. et delegat...... nisi specialiter remiserint quidem priorem obligationem, et hoc expresserint. Quod secundum magis pro anterioribus elegerint.* Le Droit français n'est pas aussi rigoureux. D'après l'article 1273 la novation peut être tacite, pourvu qu'il ressortisse clairement de l'acte que les parties ont entendu faire une renonciation; car elle ne se présume pas [1]. Ainsi il y aura novation, si la nouvelle obligation est absolument incompatible avec l'ancienne; par exemple, si quelqu'un, après avoir prêté une somme à un autre, convertit ce prêt en un dépôt.

Du principe que la novation peut être tacite, il résulte que, si l'une des parties prétend qu'elle n'a pas voulu faire novation, l'intention contraire pourra être prouvée par de simples présomptions, suivies d'un commencement de preuve par écrit. La cour de cassation l'a jugé dans ce sens par un arrêt du 14 mars 1834 et par un autre du 9 juillet de la même année. D'où l'on peut conclure que, puisqu'en matière commerciale, et par conséquent de lettre de change, qui est un acte essentiellement commercial, toutes espèces de preuves sont admises sans avoir besoin d'écrit, la novation qui s'opérera dans l'obligation résultant d'une lettre de change, pourra se prouver de toute manière, même par de simples présomptions

---

1 Cass., 16 janv. 1828. Dal. 1, 94 et 95.

et sans avoir besoin de commencement de preuves par écrit, bien que l'objet de l'obligation dépasse 150 francs.

La novation peut avoir lieu par le changement d'une obligation primitive en une nouvelle, sans que les personnes qui figurent dans l'acte soient changées. Ou bien elle résulte du changement de débiteur[1], ou lorsque, par suite d'un nouvel engagement, un nouveau créancier est substitué à l'ancien, envers lequel le débiteur est déchargé.[2]

Dans le premier cas, la novation est réelle; dans le second, elle est personnelle. Nous allons, dans deux paragraphes, nous occuper successivement de ces deux espèces de novations.

§. 1. *De la novation réelle.*

Nous disons que la novation est réelle, lorsqu'une nouvelle obligation se trouve substituée à l'ancienne, qui est éteinte : c'est la novation proprement dite. Elle peut se contracter, par exemple, entre le porteur et l'accepteur d'une lettre de change. En effet, ce dernier peut n'avoir pas d'argent, ou en avoir besoin lors de l'échéance. Le porteur, de son côté, n'étant pas pressé de faire rentrer la somme qui lui est due, peut faire cette proposition à l'accepteur : Puisque vous ne pouvez, sans essuyer un préjudice, me payer le montant de ma lettre de change, nous pouvons nous arranger. Nous déchirerons cette lettre, et nous irons chez un notaire. Là, nous passerons un contrat, dans lequel je déclarerai vous prêter la somme de 10,000 francs, montant de la lettre de change; vous, de votre côté, vous vous soumettrez à payer les intérêts de cette somme jusqu'à l'époque de l'échéance; et pour sûreté du remboursement, tant du capital que des intérêts, vous me donnerez une hypothèque sur tel immeuble qui vous appartient, et que je sais être libre.

---

1 Art. 1271 du C. civ. — 2 Art. 1271, n.° 3.

Il y aura là une véritable novation, en vertu de laquelle tous les garants, jusqu'au tireur, seront libérés. Si cependant l'accepteur avait l'imprudence de laisser, après le contrat, la lettre de change entre les mains du porteur, il n'aura pas, à la vérité, à craindre qu'il vienne demander une deuxième fois son payement; car il le repousserait bien vite, en lui montrant sa quittance. Mais le porteur, qui sait que ce moyen ne lui réussirait pas, pourrait endosser la lettre au profit d'un tiers, qui ignorerait complétement le changement qui s'est opéré dans le contrat. Celui-là, prenant de bonne foi cette lettre des mains du porteur, pourra, lors de l'échéance, forcer l'accepteur à payer une deuxième fois, sinon, protester et exercer ses recours. C'est en vain que ce dernier montrera sa quittance, et dira que personne ne peut être contraint à payer deux fois une même dette. Le nouveau porteur lui répliquerait avec succès: les conventions qui sont intervenues entre vous et mon endosseur ne me regardent pas; je ne suis pas la cause si vous avez commis une imprudence. Ce qu'il y a de certain, c'est que j'ai reçu cette lettre de bonne foi de celui qui l'a endossée à mon profit; par conséquent la loi m'en assure le payement, et l'accepteur sera obligé de satisfaire ce nouveau porteur.

Un pareil système peut paraître injuste au premier coup d'œil; il est cependant conforme à la raison et au caractère négociable du contrat de change. En effet, quel est celui qui serait assez insensé pour recevoir, en échange d'argent comptant, une lettre, si, lorsqu'il se présentera à l'échéance pour en demander le payement, il se voit repoussé, parce que son endosseur a déjà reçu la somme. Il faut donc admettre, sous peine de voir tomber cette monnaie si commode pour transporter à peu de frais et à des distances très-éloignées des sommes considérables, et entraîner, dans sa chute, le commerce avec toutes les richesses et tous les avantages qu'il procure aux états, à la civilisation; il faut, disons-nous, mille fois mieux admettre le léger inconvénient, qui d'ailleurs arrivera rarement, d'une personne qui sera obligée de payer une seconde fois une lettre de change, parce qu'elle aura négligé de la retirer des mains du porteur après y avoir satisfait. Par là le commerce conservera son plus grand élément de crédit. L'accepteur, de son côté, aura un recours contre l'endosseur de mauvaise foi, aux fins de le forcer à lui rembourser la somme qu'il a été obligé de payer indûment. S'il possède encore celle dont il s'est reconnu débiteur par suite de la novation qui s'est opérée entre eux, il pourra se payer lui-même; mais s'il l'a rendue, et que l'endosseur soit insolvable, il sera obligé de supporter cette perte, qu'il ne pourra, en dernière analyse, imputer qu'à lui-même.

Ce que nous venons de dire du porteur et de l'accepteur, s'applique également au cas où la novation s'opérerait entre le porteur et le tireur d'une lettre de change.

La novation peut aussi s'opérer entre le porteur et un endosseur, un donneur d'aval, ou une caution. Mais dans ce cas elle ne produit d'effet qu'entre les personnes qui l'ont opérée, et non envers les autres obligés. Bien plus, si celui à l'égard duquel la novation s'est opérée est garant, il n'en restera pas moins tel, parce qu'il ne peut dépendre de sa volonté de se décharger de la garantie qu'il doit à celui qui a contracté une obligation avec lui.

Il y a novation en matière de lettre de change, non-seulement lorsqu'on la convertit en un autre titre; mais aussi lorsqu'une nouvelle lettre de change est substituée à l'ancienne. Il faut pour cela que cette dernière soit éteinte d'une manière absolue. Ainsi, il n'y aura pas novation, si les parties ont stipulé qu'à défaut de payement de la nouvelle lettre, l'ancienne conservera sa force. Par la même raison il faut décider qu'il n'y a pas novation, lorsque le porteur non payé, usant du droit que lui donnent les articles 177 et suivants du Code de commerce, de tirer une nouvelle lettre de change sur ses garants, ferait une retraite sur l'un d'eux.

§. 2. *De la novation personnelle.*

La novation personnelle a lieu lorsqu'un nouveau débiteur s'oblige à la place du premier, ou lorsqu'un nouveau créancier est substitué à l'ancien; ou bien lorsqu'un débiteur et un créancier nouveaux prennent la place des anciens. Nous allons successivement examiner ces trois cas.

1.° Lorsqu'un individu se rend débiteur à la place d'un autre envers leur créancier, et que ce dernier consente à décharger l'ancien, il y a novation dans la personne du débiteur. Celui qui se présente ainsi pour payer la dette d'un autre, s'appelait en Droit romain, *expromissor*, et cette espèce de novation, *expromissio*, parce qu'elle pouvait se faire sans que l'ancien débiteur fût appelé. Ils nommaient délégation, celle qui se faisait avec le concours de ce dernier : *delegare est vice sua aliam rem dare creditori, vel cui jusserit.*[1]

D'après cela, il y a novation par expromission, lorsque, par exemple, le porteur d'une lettre de change libère l'accepteur moyennant l'acceptation par intervention. Pour opérer cette novation, il n'est pas besoin du concours du débiteur originaire, puisque sa condition va être rendue meilleure. C'est d'ailleurs ce que portait déjà la loi 79 au Digeste, *De neg. gest.* (3, 5): *Solvendo quisque pro alio, licet invito, et ignorante, liberat eum : quod autem alicui debetur, aliis sine voluntate ejus non potest jure exigere : naturalis enim simul et similis ratio sua sit alienam conditionem meliorem quidem etiam ignorantis, et inviti nos facere posse, deteriorem non posse.*

Lorsque l'ancien débiteur est libéré par l'engagement du nouveau, il y a toujours novation; car sans cela il y aurait ce que les Romains appelaient *adpromissio*, accession, cautionnement, et celui qui contracte cet engagement, *adpromissor*, ne serait qu'obligé conjointement avec l'ancien débiteur sans le libérer. Ainsi, en ma-

---

1 *L.* 11, *D. de novat. et deleg.* (46, 2.)

tière de lettre de change, si l'accepteur par intervention, au lieu de payer la lettre, déclare ne satisfaire au payement qu'en cas de refus du premier accepteur, il n'y aura pas expromission, parce que ce dernier reste toujours obligé.

Quant à la délégation, il en est autrement; elle n'est parfaite que par le concours des trois personnes qui doivent y figurer, c'est-à-dire, que le créancier doit accepter le débiteur que l'obligé originaire lui présente, et décharger ce dernier. Cette décharge doit être expresse : c'est ce qui résulte de l'article 1275, d'après lequel la convention par laquelle un débiteur en donne un autre à son créancier, n'opère novation qu'autant que ce dernier a déclaré décharger expressément l'ancien débiteur, qui a fait cette délégation. Dans l'exemple que nous avons cité, il y aura délégation, si l'intervenant, au lieu de se présenter lui-même pour libérer l'accepteur de son obligation, est au contraire présenté par ce dernier au porteur, en le priant de l'agréer à sa place. S'il l'accepte, la délégation sera parfaite; cependant il n'y aura pas novation, parce qu'il a pu n'avoir eu en vue que de mieux assurer le payement de la lettre au jour de l'échéance. Mais, si le créancier déclare expressément décharger le débiteur originaire, alors il y aura novation; parce que ce dernier sera libéré, quand même l'intervenant deviendrait plus tard insolvable.[1]

Nous avons déjà dit que la novation faite avec le débiteur principal libérait les codébiteurs secondaires et les cautions, en vertu de la maxime : *accessorium sequitur principale suum.* Cependant la proposition inverse n'a pas lieu, et la novation qui s'opère avec un débiteur secondaire ne libère pas les autres, pourvu qu'elle soit faite avant le protêt; car si elle n'avait lieu qu'après, comme les codébiteurs sont alors tous solidaires, la novation faite avec l'un d'eux libérerait les autres, même le tireur et l'accepteur[2], à moins

1 Art. 1275 du C. civ. — 2 Art. 1281 du C. civ.

que le créancier n'eût exigé l'accession des codébiteurs et des cautions, qui continuent, dans ce cas, d'être solidaires de la nouvelle obligation. Toutefois ces derniers peuvent s'y refuser, et alors l'ancienne obligation n'est pas éteinte.

2.° La novation a lieu par changement de créancier, lorsque, par l'effet d'un nouvel engagement, un nouveau créancier est substitué à l'ancien, envers lequel le débiteur est déchargé.[1]

D'après cela, l'endossement d'une lettre de change ne saurait produire de novation par changement de créancier, puisque l'ancien cède purement et simplement sa créance à un autre. Ce n'est donc qu'une cession de créance.

Si le porteur d'une lettre de change accorde un délai à l'accepteur, et qu'à l'époque de l'échéance il ne proteste pas, les cautions et les autres codébiteurs secondaires seront déchargés. Mais ce ne sera pas en vertu d'une novation, ce sera par l'effet de la déchéance que le porteur a encourue, pour n'avoir pas rempli les formalités qui lui étaient imposées par la loi. Si, au contraire, il a fait un protêt, rien ne l'empêche d'accorder un délai à l'accepteur et de poursuivre ensuite les autres garants. En effet, étant devenus, par ce protêt, codébiteurs solidaires de l'accepteur, ils auraient mauvaise grâce à se prévaloir du délai accordé à ce dernier pour se croire libérés; car le porteur leur répliquerait avec succès : du jour du protêt j'ai acquis le droit de vous poursuivre tous ensemble ou séparément, selon que je le jugerai convenable. J'ai donc à plus forte raison celui d'accorder un délai à qui je veux, tout en exerçant mes recours contre vous.

Toutefois les garants peuvent rendre ce délai inutile, en exerçant eux-mêmes des poursuites contre l'accepteur, qui sera obligé de leur payer ce qu'ils auront déboursé par suite de l'action en garantie intentée par le porteur.

---

1 Art. 1271 du C. civ.

Pour que la novation s'opère par le changement de créancier, il faut que le débiteur y consente, sans quoi il n'y aurait pas novation, mais cession de droits; ce qui est bien différent[1], puisque celle-ci n'éteint pas les accessoires de la créance; tels que caution, privilége ou hypothèque.

En matière de lettre de change, il y aura novation par changement de créancier; par exemple, si le porteur, du consentement de l'accepteur, change cette lettre en une créance ordinaire, et le décharge expressément de son obligation envers lui, en lui indiquant une autre personne à qui il devra faire son payement.

3.° Enfin, la novation s'opère par le changement du débiteur et du créancier à la fois. Dans ce cas, il n'y a qu'à appliquer les principes que nous venons d'indiquer dans ces paragraphes, en les combinant entre eux.

---

1 Art. 1962 du C. civ.

JUS ROMANUM.

De restitutione in integrum propter absentiam.

§. 1. *De vi et natura restitutionis in integrum propter absentiam.*

In integrum restitutio propter absentiam, est auxilium quo subvenit prætor absentibus adversus præsentes, vel præsentibus adversus absentes redintegrationis causæ jure civili amissæ gratia.

Hoc beneficium prætoris e jurisdictione originem traxit, qui extra ordinem illud concedit. Itaque qui communi auxilio munitus est, id est cui civilis actio competit, hoc beneficio non fruitur.

Subvenit prætor absentibus restituendo actionem quam absentia amiserant. Sed actoris causarum justitiam primum examinat, si veræ sint vel falsæ; restitutionis integrum beneficium non concedit, nisi causa cognita.

Quamobrem non audiuntur qui, finitis negotiis, cum reverti possent, non revertuntur, vel qui abfuerunt ob quemlibet terrorem panicum.

Qui contra auctoritate publica et publici commodi causa coacti, qui re justo mortis timore, cruciatusve corporis abscesserunt, in integrum restituuntur[1], quamvis nullum lædentis delictum concurret. Attamen hæc restitutio non datur, nisi ob læsionem alicujus momenti; nam prætor non curat minima. Aliquando etiam dene-

---

1 *L.* 2, §. 1, *L.* 3, *D. ex quib. major.* (4, 6).

gatur auxilium prætoris quumquis triginta vel quadraginta annorum prescriptione a juris sui persecutione exclusus sit[1]. Item cum fiscus debitorum suorum bona publicavit vel distraxit, item cum quis in aliqua re læsus est, in qua, si etiam reipublicæ causa non obfuisset, damnum erat passurus.

§. 2. *Quibus, et adversus quos restitutio tribuitur.*

Videamus nunc personas quæ in integrum restituuntur. Tres prætor edicti partes fecit. Primo capite edicti, edicit : *Si cujus, quid de bonis diminutum sit, quum is metu, aut sine dolo malo reipublicæ causa abesset, inve vinculis, servituteve hostium potestate esset, posteave sive cujus actionis eorum cui dies exisse dicitur : se earum rerum actionem intra annum quo primum experiendi potestas fuerit, in integrum restituam.*

Ex hoc capite edicti sunt qui in integrum restituantur :

1.° Qui metu absunt. Sed non sufficit metum vanum tenuemve esse, illum vero adeo gravem ut virum constantem male afficiat esse oportet : ut putas, si quis justo timore mortis vel cruciatus corporis conterritus sit. Attamen hujus rei disquisitio judicis est.[2]

2.° Qui sine dolo malo causa reipublicæ absunt : id est qui provincias regunt, eorumve comites vel vicarii omnesque qui ad negotium reipublicæ experiendum amandantur.[3]

Qui reipublicæ causa absunt, restituendi sunt etiam adversus eos qui pariter reipublicæ causa absunt, si aliquid damnum juste querantur. Non videntur abesse, et ob eam rem beneficio restitutionis non fruuntur, qui absunt dicis causa, vel maturius proficiscuntur, vel tardius revertuntur, vel sui commodi gratia, vel ob privatum negotium alio divertunt.[4]

---

1 *L.* 3, *C. de præscr.* 30 *vel.* 40 *ann.* — 2 *L.* 3, *D. ex quib. maj.* (4, 6).
3 *L.* 32, *D. ex quib. caus. maj.* (4, 6). — 4 *L.* 4, 5, 35, §. 9. *L.* 36, 37 38, §. 1, *D. h. t.*

3.° Qui sunt in vinculis. Vinculum appellatio latius accipitur. Non ita solum qui in publica custodia coercentur, habet, sed etiam qui a latronibus, aut prædonibus, vel potentiore vi oppressi, in vinculis coercentur [1]. Sunt in eadem causa, qui a militibus, statoribusque, vel a municipalibus ministeriis adservantur, si probetur rei suæ superesse non potuisse [2]. Item dicendum est de iis qui ita allegati sunt, ut sine dedecore in publico comparare non possint. [3]

4.° In integrum restituitur homo liber si bona fide serviat, nam servus est facto, non jure. [4]

5.° Subvenit prætor ei qui in hostium potestate fuit, licet curatorem reliquisset [5]. Idem beneficium conceditur illius liberis ibi natis.

Inutile est dicere jus postliminii ad eos qui ab hostibus capiuntur solum pertinere, nec ad transfugas.

In omnibus his casibus non distinguitur an defensus sit absens, nec ne : sequitur ut indistincte restituatur [6], nisi procuratorem reliquerit ab eoque rem salvam habere possit [7]. Ut puta, restitutionis auxilium locum habet, cum etiam bonæ fidei possessor detentationem fundi ante absentiam inchoavisset, ac fundum ante reditum usucepisset; auxilium vero absenti non competit, si, quo, jamjam reverso, illa usucapio adimpleta esset, nisi intra modicum tempus post reditum, veluti dum hospitium conducit, sarcinas componit, advocatum quærit, nec negligentia curat [8]. Nam qui differt restitutionem, non esse audiendus, Neratius scripsit.

Non solum adversus possessorem hereditatis, sed etiam adversus eum qui a possessore emit ut vindicari res possit si hereditatem agnoverit, ex post facto usucapionem processisse manifestum est [9]. Si contra, quis priusquam per usum sibi acquireret absens sit, in

---

1 *L.* 9, *D. h. t.* — 2 *L.* 9, *D. h. t.* — 3 *L.* 10, *D. h. t.*
4 *L.* 11, *D. h. t.* — 5 *L.* 15, *Pr.*, *D. h. t.* — 6 *L.* 15, *Pr.*, *D.*, *l.* 1, *C. h. t.*
7 *L.* 28, *Pr.*, *L.* 39, *D. h. t.* — 8 *L.* 15, §. 3; *L.* 16, *D. h. t.*
9 *L.* 17, *Pr.*, *D. h. t.*

terrumpetur usucapio, nec reditu restituetur, quia hæc sine possessione existere nequit, factique causa in absentia non continetur.[1]

Restitutionis in integrum non solum absentibus conceditur, sed etiam uxoribus, liberis, aliisque successoribus, si modo hic competere cœperit[2], ob omnes captiones ob quas tribui solet, ob quas minores viginti quinque annis restituuntur[3]. Si modo rei persequendæ gratia quæruntur; nam cum et lucri faciendi ex alterius pœna, vel damno auxilium sibi compertiri desiderant. Inde transmissio quæ dicitur *ex capite infantiæ*, qua heres heredis absentis reipublicæ gratia, et qui, ob eam causam hereditatem accipere nequit, beneficium restitutionis in integrum petere potest in omnibus casibus in quibus utile ipse petere potuisset absens, et hoc modo hereditatem adhuc accipere potest.[4]

Non tantum prætor absentibus occasione absentiæ læsis contra præsentes ne capiuntur, succurrit, sed et præsentibus contra absentes ne capiant. Itaque edixit:

Item si quis usu suum fecisset, aut cum non utendo amisit consecutus, actioneve qua solutus; ob id quod dies ejus exierit, quum absens non defenderetur, inve vinculis esset, secumve agendi potestatem non faceret, aut cum eum invitum in jus vocari non liceret neque defenderetur, cumve magistratus de ea re appellatus esset, sive cui per magistratum sine dolo ipsius actio exempta esse dicetur: earum rerum actionem intra annum (nunc durante quadrennio continuo) quo primum de ea re experiendi potestas esset, dabo.

Hoc capite edicti, prætor restituit eum qui ideo in captionem incidit, quod adversario nulla agendi potestas esset, sive propter hujus absentiam, sive quod magistratus jus dicere noluit. Ut puta,

---

1 *L.* 14, 15, §. 1, *D. h. t.* — 2 *L.* 1, *C. de restit. milit.* (2, 51).

3 *L.* 40, 43, *D. h. t.* — 4 *L.* 30, *Pr. L.* 86, *Pr. D. de acq. vel amitt. hered.* (29, 2). *Const.* 1, *C. de restit. milit.* (2, 51).

si quis cum reipublicæ causa abesset, vel in hostium potestate esset, rem adversarii usucepisset quia in jus vocari non posset. Attamen non restituetur præsens si procurator sit qui absentem defendat, vel si quis sponte sese offerat ad judicium pro eo accipiendum, satisdandumque judicatum solvi. [1]

Item adversus præsentes etiam hæc restitutio datur qui sunt in vinculis, nec procuratorem reliquerunt. [2]

Item in eos qui frustratione secum agendi potestatem non faciunt.

Item quos invitos in jus vocare non licet : veluti consulem, prætorem, ceterosque qui imperium vel potestatem aliquam habent, neque defenduntur. [3]

Denique et tum datur auxilium, cum per magistratum sine dolo malo querentis actio exempta sit; puta quod copiam sui non faceret, nec jus diceret. Non idem dicendum, si decreto prætoris non obtemperavisset adversarius. [4]

In his casibus prætor actionem dat, rescisso jure absentis, veluti usucapione, agere permittit veteri jure restituto : inde hanc actionem rescissoriam, vel restitutoriam veteres dicunt [5], vel etiam utilem. (De hac actione infra loquemur.)

Hæc restitutio hæredibus et in hæredes tribuitur. Non eam abrogatam esse dicenda est per Justiniani constitutionem per quam publica interpellatione facta, et adversus absentes præscriptio interrumpi potest. [6]

Tertia edicti pars, sic enunciata est : *Item si alia justa causa justa esse mihi videbitur : in integrum restituam, quod ejus per leges, plebiscita, senatusconsulta, edicta, decreta principum placebit.*

Ex ea generali clausula, prætoris restitutio conceditur ob quam-

---

1 *L.* 21, SS. 2 *et* 3; *L.* 22, *D. h. t.* — 2 *L.* 23, *D. h. t.* — 3 *L.* 26, SS. 2, 3, *D. h. t.* — 4 *L.* 26, SS. 3, 5, *D. h. t.* — 5 *L.* 28, S. 6, *D. h. t.*; *L.* 24, *C. de rei vind.* (3, 32). — 6 *L.* 2, *C. de annali except.* (7, 40).

cumque justam absentiæ causam. Multi enim casus evenire possunt qui deferunt restitutionis auxilium, nec singillatim enumerari potuerunt.

Quoties ergo æquitas suggerit, ad hanc clausulam descendendum erit.

Ex hac edicti parte, et in integrum restituuntur, qui non reipublicæ gratia, sed alia justa vel probabili causa absunt, ut puta : si quis legatione pro civitate sua functus est, æquissimum est illum restitutione in integrum perfrui.

Item si quis testimonii causa in urbem vel ad principem ex qualibet provincia sit evocatus, restituitur in integrum.

Item qui studiorum causa absunt, vel cumquis in provincia certa sede habente, Romæ aliquantisper habitat.

Item qui cognitionis vel adpellationis causa sit peregrinatus est.

Quod ad relegatos attinet, restitutionis auxilium concedendum est, non modo in omnibus casibus, quia procuratorem relinquere potuerunt, sed ex causa, veluti si ille procurator decedat, vel ipse absens sit, vel mandatum repudiat.

Deportati vero hoc beneficio non fruuntur, nisi illis ignoscat imperator.[1]

Ex Justiniani constitutione, adversus parentes utriusque sexus liberis danda non est restitutio propter reverentiam[2]. Attamen, si non cum parente, sed cum extraneo, cui pater successit, negotium gerit filius, restitutio ei denegenda non est.

Item cum contra aditam pro se a patre hereditatem restitui filius familias major factus desiderat.[3]

Prætor edicto adjecit : *Quod ejus per leges, plebiscita, senatusconsulta, edicta, decreta principum licebit.* Clausulam illam accipere

---

1 *L.* 1, *C. de sentent. passis et restit.* (9, 51). — 2 *L.* 52, *qui et advers. quos, etc.* (2, 52). — 3 *L.* 3, §. 7, *D. de minor.* (4, 4); *L.* 2, *C. si adversus donat.*, 2, 30; *L.* 8, §. 6, *C. de bonis quæ liberis* (6, 1).

nos oportet ut non restituat : si leges, senatusconsulta, etc., restitutionem prohibeant : quibus casibus, prætor, qui juris civilis custos et legum minister est, auctoritatem suam interponere nequit : sed omnia solius principis arbitrio relinquendæ sunt.

§. 3. *Apud quem et quomodo et quando cognitio in integrum restitutionis agitanda sit.*

Magistratus qui in integrum restituunt, sunt tam prætor et præfectus urbis, quam alii magistratus pro sua jurisdictione, tam in aliis causis, quam contra sententiam suam[1]. Municipalibus vero magistratibus restituere non permittitur, quia ea quæ sunt magis imperii quam jurisdictionis facere non possunt[2]. Compromissarii vero judices, aut qui a magistratu ad judicandum dantur, restituere non possunt; itaque adit actor ad provinciæ præsidem in qua domicilium habet quem convenit.[3]

Si ab imperatore judex datus cognoscat, restitutio ab alio nisi a principe qui judicem destinavit non fict, si res a majore magistratu judicata sit, minoris sententia rescindi non potest.

In integrum restitutio postulatur per actionem; cum res sit amissa, aut per exceptionem, si imperfecta sit, id est nondum alienata.[4]

Actio quæ absentibus ob quasdam causas de quibus locuti sumus, concedit prætor rescissoria vel restitutoria vocatur. Est actio prætoria in rem, qua quis per suam vel adversarii absentiam, ab usucapione perfecta, patrimonio suo spoliatus, adversus eum qui illud usucepit, adversusque quemlibet possessorem cum accessoriis id vendicat, perinde ac si usucapio nunquam fuisset.[5]

Hac actio non datur cum quis absens est ob causam injustam :

---

1 *L.* 16, §. 5, *D. de min.* (4, 4). — 2 *L.* 3, *C. ubi et apud quem. Cogn. in integr. restit.*, 2, 47. — 3 *L.* 2, *C. h. t.* — 4 *L.* 9, §. 3, *D. quod metus caus.* (4, 2). — 5 §. 5, *Inst. de act. l.* 4. *t.* 6; *L.* 21, §. 2; *L.* 23, §. 3; *L.* 27, 28, *Pr. D. ex quib. caus. major.* (4, 6).

ut puta similes maturius proficiscatur. Item si procuratorem reliquisset qui negotia defendisset[1]. Non solum concedit prætor absentibus adversus præsentes, sed etiam præsentibus adversus absentes qui, per absentiam, usucapionem perfecerunt, si modo procuratorem non reliquissent. Item nec audiuntur si defensor, amicusve illius patrimonium defendissent.[2]

In integrum restitutionem concedit adhuc prætor, quibus quolibet impedimento jura accurare non possunt : ut puta, si actor adversarium in jus vocare nequeat (ut supra diximus), hocque modo usucapionem usurpandi illi desit facultas, tum rescissoriam actionem concedit prætor clausula generali edicti : *adversus eos qui absentes, non defenduntur.*[3]

Non necesse est reipublicæ gratia vel alia justa causa absentem fuisse reum; etenim iniquissimum esset illum orbatum esse usucapionis beneficio, dum qui commodi sui forte dominos præsentes fraudandi causa usucapione fruerentur.[4]

Cum rescissoria actio sit prætoria, per solum annum utilem dabatur, a qua cessaverat absentia, vel quælibet alia causa quæ in jus adversarium vocare dominum impediebat.[5]

Imperator vero Justinianus illum utilem annum pro quatuor annorum dilatione continuo prorogavit.[6]

Actio rescissoria adversus absentes concessa non abrogata fuit secunda Codicis constitutione de annali exceptione (7, 40), secundum quam dominus præsens usucapionem interrumpere potest, si libellum magistratibus in eadem constitutione designatis porrigat, sive apud tabellionem contestationem faciat, sive tribus testibus

---

1 *L.* 28, 36 *et* 39, *D. h. t.* — 2 *L.* 1, *Pr. et* §. 1; *L.* 2, §§. 1 *et* 2; *L.* 22, 39, *D. h. t.* — 3 *L.* 21, *Pr. et* §. 2. *D. eod. tit.* — 4 *L.* 1, §. 1; *L.* 21, *Pr.* §§. 1, 2, 3; *D. h. t.* — 5 *L.* 28, §. 3; *D. h. t. L.* 35. *D. de obl. et act.* (44, 7).
6 *L.* 7, *C. de temp. in integr. restit.* (2, 53).

præsentibus [1]. Sine dubio, hæc usurpatio domino præsenti sufficit, ut jura quæ absens usucapione acquisiverat evanescant, utque rei pristino statu reducantur. Sin autem hac facultate quam constitutio illi pandit non usus fuisset, jus suum non amittitur, sed rescissoriam actionem prætor illi restituit, si modo dies utiles non abierint.

1 *L. 2. C. de ann. except.* (7, 40).

FINIS.

www.ingramcontent.com/pod-product-compliance
Ingram Content Group UK Ltd.
Pitfield, Milton Keynes, MK11 3LW, UK
UKHW022122260726
13993UKWH00003B/1180